自らの道を選べ

真の人間性の回復を目指して

鴨志田恒世
Kamoshida Tsuneyo

風詠社

日の本の象徴《しるし》の山よ聖らけき
富士は心の故郷《ふるさと》の山
歌集「わたつみ」から

「～白扇倒《さかしま》に懸かる 東海の天」と詠われる霊峰富士の偉容

この著作は、二十一世紀初頭の今日、感染症の世界的拡大が世界の在り方に大きな影を落とす中にあって、今ほど未来に対する確かな道標が求められている時代はないと考え、その要請に応えるべく、すでに発刊されている鴨志田恒世全著作集の中から特に選んで四編の著述を「自らの道を選べ」として収めたものです。

まえがき

人生の歩みに何の感激も感動もなければ、その歩みは全くの無味乾燥なものになり果ててしまいます。

先生は、卓越した精神的能力と慧眼を以て、幽玄な実在の世界に深く触れられ、古今の人文をつぶさに見聞されて、全く新しい宇宙観、世界観、人間観を確立され提示されました。

この四編の著述は、その体験に基づいて、宇宙と生命の神秘を繙《ひもと》かれ、日本並びに日本人の精神文化の最基層に流れる、神道、惟神《かんながら》の道に人類普遍の真理があるとし、また神とは人間にとって如何なるご存在なのかを明らかにされ、私達に自らの道を選ばなければならないとして、人間に対して理性の能力を超える霊性（叡智）の開発（精神革命）の絶対の要請があると断言され、宇宙の目的にも言及されて、深遠な大宇宙の中での人間のおかれた位置、人間存在の根拠とその素晴らしさを明らかにされておられます。

私達は、宇宙船地球号に乗って、太陽系は言うに及ばず、銀河系宇宙を、更に広大無辺な大宇宙を音もなく遊泳し、夢と希望を抱いて、天地の真実を、真善美を追い求め、永遠に進化向上をせしめられる存在であること、生命をいただいて生きていること、天意のまにまに生かされていることに深く想いを致し、感激と感動を以て、その有難さをこの著述の内容から感じていただき、真に生きることへの勇気と元気を取り戻していただきたいと切に願うものです。

今日ただいま、私達いや人類、更に世界は、その将来に対しての重大な選択を迫られているのです。

私達はあらゆる事柄に対して選択をして日々の生活を送っています。例えば、朝起きて今日は何をしようかと選択し、買い物もより良いものを選択し、レストランで食事をする時もより美味しいものを選択し、更に人生の節目の就職や、結婚においてもしかりです。それら総ての選択は自らにとってより幸福になることを願っているからであり、深層心理学によれば、それらの選択は自らの生命をより安全に保とうとする働きとしています。そのように私達には選択の自由が与えられているのであって、人生は選択の連続といえましょう。それは一個人に限らず、社会も国家も、総体としての世界も同じことであると思います。

この地球上でもっとも繁栄を謳歌《おうか》しているのが人類です。従って地球上での人類の選択は、即地球の運命を左右することを知らなければなりません。内部に光輝く魂、神性を宿し、万物の霊長として君臨する人類であればこそ、その道徳的、倫理的責任が自ずと生ずるのであって、覇権を争い、地球環境を破壊するなどは天意に副わないことは明らかです。あくまで物質的繁栄や目先の快楽を望むのか、それとも生きる目的と意義を自覚して地上慈化に貢献するのかを選ばなければならないのです。

従って、先に出版された「叡智への道標」(風詠社刊)に記されておりますように、私達人類にとっての明るい未来と、本当の幸せや、世界の平和を心から望むのであれば、二十一世紀的視野に於いて日本並びに世界の新たな地平を切り拓くために、人間の内奥に予約として賦与されているとされる霊性（叡智）を、理性の極を内側から破って、内在的超越を通して静かなる精神革命を成就し、この叡智の発現を我がものとし、人間の能力そのものを飛躍的に高めて、真の人間性の回復を実現しなければならないのです。

そして、先生は、ここに収めた四編の著述「宇宙と生命の神秘」「神と悪魔」「自らの道を選べ」「希望の精神革命」の中で、予約賦与された霊性（叡智）の発見は形而上学的な発見であり、叡智の開顕は、日本はもとより全人類普遍のものとしなければならないことを教示され、更にその実現は貴賤賢愚に関わらず可能であると断言されておられるのです。

更に霊性（叡智）という文字からの印象で、霊魂とか、その働きなどを想像しがちでありますが、霊性（叡智）とは理性を超える能力そのものであって、その根源は神性に由来するものであり、世間でいうところの超能力とは全く異なるものであることを理解しなければなりません。

叡智者は超能力者であるが、超能力者が必ずしも叡智者ではないということで、超能力はあくまで叡智の能力の属性であるということです。

巷間言われる超能力とは、低級な心霊の能力であって、一時の興味や好奇心でそうした心霊に関わることは、やがては身を亡ぼすことになることをわきまえなければなりません。

この辺の事情は「幽玄の世界」―追補版―に収められた「心霊の実在と心霊科学の曙」の項を読まれれば明らかとなる筈です。

読者諸氏におかれては、本文の内容が難解であることを考慮して、更に日常生活にどう活かして当初の目的を果たしていけばよいのかの個別の問題については、先生が著された巻末に挙げた各著作を読まれることを薦めるものです。

注記

一　講演録の「宇宙と生命の神秘」「希望の精神革命」は、編集に当たって中見出しを付した。
但し、「希望の精神革命」は先生ご自身が付されたものである。

一　「神と悪魔」「自らの道を選べ」は、論文のため原文のままとした。

一　読み難い漢字や語句には、できるだけルビを付した。

一　大切と思われる語句には傍点を付した。

一　難しい表現や用語には、〔　〕を付けて小さな文字で簡単な意味を付した。
但し、先生が（　）で付したものはそのままとした。

一　科学的知見は日進月歩であるので、当時の知見が現在と異なることがあるが、そのまま記載した。

一　今日では使用しない表現は、時代を映すものであるからそのままとした。

令和二年十月二十六日

わたつみ友の会広報部

目次

真の人間性の回復を目指して

自らの道を選べ

第一章　宇宙と生命の神秘

今日は、「宇宙と生命の神秘」という極めて雄大深遠な演題でお話し申し上げる訳でございますが、宇宙とか、生命とかいう命題は、人類始まって以来の、最も古く、そして最も新しい未解決のテーマであります。非常に限られた僅かの時間で、こういう演題でお話をする事がどうかとさえ思われる位でございますが、ご承知のように、唯今主催者代表或いは岩上知事夫人から、いろいろ御挨拶やら御祝辞を戴きましたように、非常に世の中が殺風景で、心というものが大変疎かにされて、そして二十世紀が精神病の時代であると云われますように、日本ばかりでなく世界全体がこの精神の空白に悩まされ、そしてこの人間性の回復という言葉が、期せずして世界の各方面から挙ってまいりまして、ようやく精神的な面、無形なものに対する関心が高まりつつある今日でございます。

そういう時期に、こういう演題でお話を申し上げる事は、決して意義のない事ではなかろうと、そう考えまして、今後皆さんが人間とか、幸福とか、或いは結婚とか、人生とか、人類とか、世界の将来とか色々な事を考えて行きます時の、一つの手がかりにして戴ければ大変幸いだと思いまして、これから少し時間を頂戴致しまして、私のお話を進めて見たいと思います。

今日の物理学によりますと、宇宙は素粒子から出来ておると考えられております。素粒子とは、物質の原子を構成する陽子とか電子とか中性子とか中間子とかの数十種類の微粒子であり、物質の大本をなすものであります。そこで宇宙が始まって以来、約六十億乃至百億年と云われておりますが、宇宙開闢《かいびゃく》につきましては永い間、ドイツの哲学者であるカント〔一七二四〜一八〇四〕と、フランスの天文学者のラプラース〔一七四九〜一八二七〕の提唱した、カント・ラプラースの星雲説が支持され、厖大《ぼうだい》な宇宙の中に星雲の固まりがあって、これが遠い過去の何れかの時に、四方八方に分散して宇宙が出来、我々の住む地球も太陽系の一惑星であり、太陽から分離して今日のような太陽系が出来上がったものと考えられて参りました。

バイブルの創世記によりますと、「初めに言葉あり。言葉は神と共にあり。言葉は神なりき。万《よろづ》のものこれによらでなりたるはなし」と書いてありますが、この宇宙は神の言葉によって創られたと云うのであります。そして昔のキリスト教の神学者達は、夜空に綺羅《きら》めく星は、天井裏のような一平面上に無数の星が並んでいると考え、地球も平らで、地球の果ては断崖絶壁であると信じられておりました。そして地球は宇宙の中心で、太陽は地球の周りを廻るという考え、即ち天動説が真理とされておりました。しかし、ニコラウス・コペルニクス〔ポーランドの天文学者、一四七三～一五四三〕が地動説を唱えると異端者と罵られ迫害されましたが、現在地動説は常識であり、今日天動説を信じる人は一人もおりません。そういう風に、一つの新しい真理が世に出ようとする時には、必ずそれに抵抗が、迫害が、障碍が起こって参るものであります。アリストテレス〔古代ギリシャの哲学者、前三八四～三二二〕は同じ容積のものが、高い所から地上に落ちるには、目方の重い方が早く落ちると云っておりましたが、ガリレオ・ガリレイ〔イタリアの天文学者、一五六四～一六四二〕は有名なピサの斜塔で実験して、同じ容積の物体は重さの異なるものでも、同時に地上に落ちることを証明しました。

こうして永い間、中世の神学の権威に支えられて来た古来の真理は、その権威に価しないことが露呈して、科学的な実証を伴ったものでなければ価値が無いとされ、古来の真理に対する懐疑がここに芽生え始めたのであります。今日の科学的知見によりますと、太陽は水素原子の集積であり、水素原子がヘリウムへの転換によって起こるエネルギー、即ち熱核融合反応によって生ずる、厖大なエネルギーによって太陽は燃え続け、今日太陽は、一秒間に約十兆万トンのエネルギーを宇宙に放散していると云われております。この太陽は太陽系の中心でありますが、太陽は銀河系の中の一恒星で、銀河系宇宙の中には、太陽のような恒星が何と一千億個以上もあるといわれております。

私共が肉眼で、夜空に輝く星を見渡しますと、ざっと五千個の星を数えることが出来、望遠鏡で見ますと十万個、更に世界最大のウィルソン山天文台の望遠鏡では五十万個見られ、そして五十万光年の彼方の星が見られると云われます。地球は自転し乍ら太陽の周りを廻り、太陽系は秒速約二百粁《キロ》の速さで、太陽系全体が、アンドロメダ星雲の方向に向って運動していると云われます。太陽が銀河系の周りを廻るのに、約二億年の歳月を要すると云われておりますから、悠久百億年と云っても、太陽は僅かに銀河系の周りを数十回廻ったに過ぎません。昔は、宇宙はその発生の初めから厖大な空間があったと考えられておりましたが、現在の天文学では、宇宙は絶えずどんどん膨張しつつあり、現在の宇宙は、これを人間にたとえれば青年期であると考えられております。これは望遠鏡で見ますと厖大な速度を以て、どんどん地球から遠ざかる星が観察されるからであります。そして宇宙の直径は百億光年と云われております。ご承知のように一光年とは、光が秒速三十万粁の速さで一年間走り続ける距離でありますから、誠に気の遠くなるような厖大な空間であります。

ところが、宇宙はこれに止まらず、まだまだ外宇宙があると物理学者は考えております。所謂、宇宙線等と云うものは、この宇宙外から飛んでくる一つの光線であると云う事で、日蝕等の時に観測されている訳で、色々宇宙線の内容が分って来て、大体この宇宙線の六〇％は中間子であると云うように考えられておる訳であります。然し、この厖大な空間が初めから存在したと云うように、昔は漠然と考えていたわけでありますが、今日の物理学によりますと、その宇宙の初めは、非常に小さな空間からスタートして、だんだんと膨張して行ったのだと、そして現在の空間の概念からすれば、宇宙は約百億年位前に出現して、そして無数の天体と云うのがガモフ〔アメリカの理論物理学者一九〇四〜一九六八〕等が云っておりますように、宇宙間物質が凝集してこの大宇宙が形成されていったのだと云うような考え方に、だんだん変って来ている訳であります。

一　地球上の生命誕生の謎

そこで、地球は何時頃出来たかと云いますと、先程申しましたように太陽と同じ位で、約百億年前であり、地球は太陽から分離したので、もっと歴史が新しいと考えられていたのでありますが、最近の研究では大体、太陽と同じ位の年令を持つであろうというように考えられて来ました。地球はもともとは、太陽のような灼熱状態を経過して来た訳でありますが、それがだんだんと冷却致しまして、今日のような地球になった訳であります。

地球上に生命が出現したのは、今から約五億年位前と考えられております。これは、海岸に近い所の海底、所謂大陸棚と云われる斜面の所に、水、炭酸ガス及び、大気中の窒素等が太陽光線に依って合成されまして、生命現象の基盤となる蛋白質が出現して来たと、こう考えられ、こういう事をソビエトの生化学者のアレクサンドル・オパーリン〔一八九四～一九八〇〕は申しております。現在世界の科学者達も、大方の大勢はこれを支持する傾向にある訳でございます。然し一言申し上げておきますと、所謂この生命と云う事は、自然科学に於ける生命でありまして、哲学乃至宗教上に使う所の生命とは、大分次元の違うものであるという事であります。

　生命発生の当初に於いては、アミーバのように単細胞生命が発生して以来、チャールズ・ダーウィン（一八〇九～一八八二）の「進化論」に述べられておりますように、生命は進化に進化を重ねてまいりました。現在地上には、動物、植物を含めて数百万種類の生命が存在する訳であります。そして動物は最初、原生動物から次第に進化向上致しまして、魚類や爬虫類とか両棲類、或いは鳥類、哺乳類とだんだん高等な動物が現れ、最後に万物の霊長としての人間が出現して来た訳であります。人類が地上に出現して以来、約百万年乃至三百万年経っていると、こう考えられております。これは色々の化石等の状態から、或いは地質学の問題と色々な所から綜合して考えられておるのでありますが、又その中では色々な説の開きがありまして、その焦点はまだボケている状態であります。地上に文化らしきものが出現したのは、今から約一万年位前の事であり、そして今日、世界各地には色々な民族、国民が分散しておりまして、世界には、三十六億の人間が住んでいる訳であります。この三十六億の人間がどうこれから生きるか、と云う事で色々人間が殖《ふ》えて参りますと問題が起こり、色々な悲惨な現象が起こって来ている訳であります。

ところで、私共は生きた人間である、ということは誰でも知っております。自分が生命を持っているということは、誰でも分っている訳でありますが、ところが、「生命とは一体何か」とか「生命の定義を述べなさい」と云われますと、案外にそう簡単に答えられない訳であります。もっと厳密に申しますと、無生物と生物の境、これも大変難しいのでございます。況や植物と動物との境もそう明瞭なものではありません。例えば、タバコモザイク病の病原体のように結晶体であり、分子量も化学構造式も分っているものでありながら、同時に一つの生命現象を表わすものもあります。又、植物と動物との区別は、植物の場合は葉緑素を持っていることが大きな特徴でございます。動物には葉緑素がありません。ところが、ミドリ虫という動物がおります。実際に葉緑素を持っていながら、同時に動物の運動作用を持っているというような、こうした中間的な生物がおりますので、植物と動物の区別もそう判然としたものでは無い訳であります。そこで先ず生物と云うことの定義について、大変難しいのですが、一般に知られている事柄では、一、自主的な運動をする。二、合目的性がある。三、新陳代謝が行われる。四、意識を持っている。五、細胞分裂をする。六、種族保存の本能を持っている。七、形質が遺伝する。八、環境に順応する。等と色々な特徴を持っているのであります。これ等は生命現象でありまして、科学の対象になっているのでありますが、然し、これらは生命それ自身では無いのであります。或る科学者は、「生命は科学以前のものである」と申しておりますが、正にその通りであります。今日、自然科学が扱っている所の色々な現象は、生命現象でありまして、生命それ自体では無く、この生命自体の解明と云うものは、今日、まだ自然科学の手の届かない所に存在する、という事を認識して戴きたいと思うのであります。

今日、自然科学的知見によって定義されております所の生命と云うのは、外界から摂取された生体内の物質が、酵素を媒介として、精神エネルギーにより爆発し、エネルギーの転換によって生ずる、輻射性エネルギーが生命力だと考えられております。従って、云い換えますと、物質の死によって生命が支えられているのだ、と言う事が出来るのであります。これが所謂科学的に見た生命観であります。然し、先程も申し上げましたように、これは生物学的な生命観でありまして、哲学乃至宗教的な意味に於ける生命とは、大分次元が違うと云う事も分って戴かなければならない問題であります。

二　現代科学が考える人間観

イワン・パブロフ〔一八四九〜一九三六〕が条件反射という生理学上の現象を発見し、こういう機械的生命観と結びついて、カール・マルクス〔一八一八〜一八八三〕やフリードリヒ・エンゲルス〔一八二〇〜一八九五〕は近代的唯物論を形成して行った訳であります。このマルクスが唯物論を形成して行く一つの掛け橋となったのは彼の大学時代に影響を与えたルートヴィヒ・フォイエルバッハ〔ドイツの哲学者一八〇四〜一八七二〕であります。彼はキリスト教を徹底的に批判致しまして、「キリスト教の本質」という本の中で、「あらゆる神学は人間学である」と述べて、神を地上に引きずり落としました。即ち神様というのは、人間の心が作り出したのであって、人間以外に神は無い、という思想を展開して、これがソビエト圏内に於いてだんだん勢力を拡大し、政治的権力の下に、今日のソビエト社会主義共和国連邦という共産主義国家を形成し、戦後この思想が中国に伝播して、更にベトナムに拡大して、現在世界に色々な問題を投げ掛けている実状であります。唯物論的思想は、五官的に見れば、大変常識的でありまして、我々の五官的常識に非常にマッチし易い思想であります。そしてここに「精神とは物質の属性である」という唯物論が出現して来る訳であります。即ち噛み砕いて申しますと、精神とは大脳皮質という物質に本来兼ね備わったもので、人間の肉体は一種の機械と同じものであると考えるのであります。

人間はもともと、一個の卵と一個の精子が結合して、細胞分裂が無数に繰り返されて、大人では遂に約六十兆の細胞が集って、一人の人間の肉体が造られている訳であります。生物学で云いますように、「個体発生は系統発生を繰り返す」といわれますように、個体発生の歴史と云うのは、或る意味に於いて、宇宙の歴史を担っていると云えるのであります。そういう意味で私共は、もっともっと人間の肉体と心というものを究明して行くべきであり、これが我々人類始まって以来絶えず謎としている所の、宇宙と生命の秘密を解く鍵になるからであります。

人間の体は皆様も良くご存知のように頭と胴と手足から出来ており、更にこれらは、心臓とか肺臓とか肝臓、脾臓、腎臓とか所謂五臓六腑の器官から出来ております。これ等は神経系統を通しまして大脳によって統括され、精神の大元締は大脳であると、今日考えられております。然し、昔は心の中枢は心臓にあると考えられておりました。心臓はハート即ち心の事で、ハートはドイツ語のヘルツ即ち心臓のこと、こういう風に、心というものは心臓にあると考えられております。或いは肝臓に生命があると考えられた時代があり、肝臓はレバー、レバーはレーベンと云うドイツ語から来て、生命と云う意味で、生命が宿るものと云う意味であります。このように昔は心臓に心があると、或いは肝臓に生命があるとか考えられて来たのでありますが、ご承知のように、今日心臓というものは、単なるポンプの働きをしているにしか過ぎない。心の中枢は大脳にあると考えられているのが、今日の生理学的な知見であります。

今日大脳生理学が大変に進歩致しまして、大脳の働きがだんだんと明らかになって来たのであります。大脳はご承知のように錐体細胞に依って連絡されておりまして、これは電気的な発信と受信装置の複雑な組み合わせに依って出来ていることが分って参りました。これにヒントを得てコンピューター即ち、電子計算機が造られ、そして所謂、情報化時代と云われるようになりまして、大変情報伝達が驚異的な早さで、世界の隅々まで滲透出来るようになり、又、世界の一流の数学者が二十五年間も掛って計算するような、厖大な計算を、コンピューターは僅かに三十分でやり遂げてしまう程に発達致しまして、アメリカのアポロ計画によりまして人類は、月の世界に行けるようになりました。科学技術の素晴らしい発展に依って驚異の眼を見張っており、所謂科学万能を信奉すると云うのが今日の一般の考え方であります。

ご承知のように一九四五年、即ち昭和二十年に広島、長崎に原子爆弾が落とされまして、人類は原子力の開放が可能になりました。そして物質の中に潜在致します所の厖大なエネルギーを、人類の手中に収める事が出来ました。そして原子力革命と云うものが急激に推進されまして、世界は今や第二の産業革命が、未曾有の大規模に行われつつある訳であります。然し、先程の大脳生理学の事でありますが、以前に於きましては、人間の大脳の機能は電子計算機の二千万個乃至、三千万個位の能力を持っていると、こう考えられていたものでありますが、更に大脳生理学が進んで参りますと、今迄大脳一個の細胞即ち、細胞が一個のコンピューターの働きをしている、と云うように考えられていたのでありますが、更に良く調べてまいりますと、細胞内部の構造が、だんだんはっきりしてまいりまして、そうすると、一個の細胞を構成するところの、一つ一つの要素がミニコンピューターで構成されている事が明らかになってまいりました。直径がわずか〇・五ミリメートルの、小さな、目に見えるか見えないかの一個の卵から発育致しまして、その肉体が、その精神を構成する所の、大脳の、その細胞の一個の中の、更にその一つの要素が、ミニコンピューターで出来ている訳で、極めてこの自然の神秘を考えざるを得ないのであります。これは確かに、人間の能力を超えたものであって、単なる人間の思惟で出来るものでは無いと思います。こういう事を一つ考えて見ますならば、我々の大脳をコンピューターと考えまして、それを、現在の価格に換算しますと、恐らく、百兆円の何億倍かの価格を持っているわけです。私共は、こういう、とてつも無い貴重な宝を持っている、その持っている自分自身が、その宝物だと云う事を、案外忘れ勝ちであります。

三　哲学・宗教の考える人間観

鎌倉時代に非常に偉い、禅宗のお坊さんがおりました。道元禅師《どうげんぜんじ》と云う、日本に曹洞宗を伝えたお坊さんでありますが、私は、この道元禅師は、過去七百年に於ける、日本の精神文化史上の最大の巨人だと考えております。この道元禅師は、「正法眼蔵《しょうぼうげんぞう》」の中で「人身受け難く、仏法遭《あ》うこと稀なり、今や、我等宿善の扶《たす》くる所により、既に受け難きの人身を受け、遭い難きの仏法に遭い奉れり」と、このように我々が、人間に生れ、そうして仏陀の教えに接する事が出来た事の喜びを、感激を込めて述べておるのであります。

これは、まことに、道元禅師が云われます通りであります。今日私共は、万物の霊長として、人間として、文化的な生活を営んでいるのでありますが、我々は、動物に生まれようが、植物に生まれようが、或いは黴菌《ばいきん》に生まれようが、誰にも文句の云いようの無い存在であったはずであります。こういう事を、もっと、本質的に考えて見る必要があるのではなかろうかと思うのであります。今日所謂、「断絶」と云われる時代に於いては子供が親に対しまして、「俺を生んでくれと頼んだ覚えは無い」というような事を放言しますし、又、親もそう云われても、戸惑ってはいますけれども、これに対して、口惜しがりながらも、返事が出来なくて困っているような現状でございます。然し、これはとんでも無い暴言でありまして、天地への冒涜《ぼうとく》であり、生命への反逆であります。今日、我々が理由も無しに、一千万円の宝石を戴いたならばどんなに喜ぶことでしょう。若し、これを喜べる能力を持っている人間であるならば、このように素晴らしい人間として生まれた、この体を戴いた親からの、この恩恵に対して感謝が出来ない筈はありません。

フランスに、アナトール・フランス〔一八四四〜一九二四〕と云う作家がおりました。彼は、「人は生まれ、人は苦しみ、人は死ぬ」と申しております。人間は、呱々《ここ》の声を挙げて、七十年か八十年の生涯を過ごしますと死んで行きます。そして死ねば灰になります。それで総べてが終わりになると思っているのが、今日の所謂、唯物論的な考え方で、極めて常識論的な考え方であります。然し、人間には心がありまして、心は意識とも云われております。人間の我々の表面の意識の底に、最近の深層心理学の発達によって、その奥深い心の世界がだんだん解明されて参りました。そうした潜在意識の世界を探求する学問が、深層心理学と云われるものでございますが、私共が意識しない潜在意識がそこにあって、その潜在意識の中には、過去のあらゆる記憶が貯蔵されております。しかも私共は、一人一人が独立した個体を持っておりますけれども、それは丁度、海の中の点々として浮かんでおる島が、独立した個々のものであるように見えておりましても、その実際に於いては、地球と云う大地に一つに繋がれていると同じように、私共の人間の心と云うものが潜在意識において、各個人が独立した人間であるように見えながら、心の世界は一つに、丁度、地下水のようにつながっているものなので、我々は、単なる一個の島にしか過ぎない、或いは個々の井戸にしか過ぎない。その使っている水は、各個人が別々の水を使っているように見えても、それは地下水と云う、大きな流れの中で生きているものであって、人間の心と云うものは、全然独立したもの、況や、孤立したものでは無いのだと云う事が、だんだんに明らかになって来ている訳であります。お釈迦様は二千五百年前に、人間は五官の外に、末那識《まなしき》と云う意識があり、そしてその奥に、更に、阿頼耶識《あらやしき》と云う意識があり、更にその奥をめくって見ますと、無垢識《むくしき》というものが存在すると云っています。無垢識の世界は、最早や自分と他人との区別が出来ない、所謂自他一体感を体得出来る世界であると述べておられます。お釈迦様は実に素晴らしい深層心理学者であったと云える訳であります。

最近の西洋に於ける深層心理学、特にスイスの世界最大の心理学者と云われますカール・ユング〔一八七五〜一九六一〕や、アメリカのカール・メニンジャー〔一八九三〜一九九〇〕のような、非常に優れた深層心理学者がおりますけれども、深層心理学は、このユング等によって、仏教、特にヨーガの研究から、人間の心の奥底に深い無意識の世界があり、この潜在意識が人間の幸福に、極めて重大な役割を演ずるという事が分って参りました。今日、日本には、まだこの専門の深層心理学者がおりません。そういう事でありまして、深層心理学の知識を早く身に付けなければならない訳であります。

戦後、日本の経済を根本から立て直しました、所謂、シャウプ勧告で有名なアメリカの経済学者のシャウプ氏は、「日本の国民程、税金、税金と云って税金の事を騒ぐ国民はいない、然し、日本人程税法を知らない国民はいない」と、こう申しておりますが、これと同じように、今や日本の到る所で愛情とか幸福とか、云うような問題が騒がれておりますけれども、日本人程、深層心理学的な知識に疎い国民はいないのであります。深層心理学の法則を無視して、絶対に人間の愛情とか幸福を論ずる資格はありません。誠にナンセンスであります。我々の心の表面の意識で、即ち顕在意識で、いくら我々が幸福を求めましても、潜在意識の世界で不幸を求めるような原因がありますと、必ず不幸な現象が現れて参るのであります。これは、お釈迦様が、「三界は唯心の所現《しょげん》」だと云っておりますけれど、それは我々の表面の心では無くて、奥深い潜在意識の世界の、この心の所現〔心の現れ〕だと云う事になります。従って、潜在意識と云うことを、もっともっと深く究明して、これを実生活に活用することをしなければ、人間の本当の幸福は出て来ないと云う事になります。

四　人間の行動を支配する深層心理

ところがだんだん世の中が進歩し、機械文明が発達してまいりますと、人間が地上に生きるのに大変不都合な事柄が沢山起こって参ります。機械文明によって人類は恩恵を受けているのでありますが、その反面、人間には自己破壊的衝動と云われる、ある心の状態が起こりまして、自分を不幸にしたいという心の傾向が生じて来るのであります。

こうした自己破壊的衝動の原因をなすものは、歪められた偏狭な良心であります。それから罪の意識に根ざす所の恐怖心であります。この心の傾向は人間の肉体や運命に、極めて大きな影響を及ぼしまして、これに障害を与えて肉体的な、或いは精神的な色々な病気を起こしたり、或いは人間の運命に極めて大きな歪みを起こさせて来る訳であります。

これは一例でございますが、私の知人に、非常に所謂モーレッツ社員と云うように、会社でどんどん実績をあげて、そして上役から認められて昇進するような気配が起こりますと、かならず病気をする男がおります。本人は決して病気をするつもりではないのであります。ところがそんな気配があると必ず病気をする、と云う事が三遍も四遍も繰り返して、結局はまた実績が下って元のポストを守るほかないし、いつまで経っても昇進出来ない、そして本人は「付いてない」「運が悪い」と云って人生の不幸を嘆くのでありますが、これを実際、心の奥底をさぐって見ますと、本人は昇進したくない、もっと出世をしたくない心の状態が、心の奥底に秘められていたと云う事が、精神分析の結果わかったのであります。何故かと申しますと、昇進致しますと会社の規約で、履歴書と戸籍謄本を出さなければならない為に、自分の過去の犯罪が露見してしまう。そういうことをすることに依って、自分の面子を失墜するよりは現在の状態にいて、その秘密を守り続けた方が良いという心の深い奥底で、そういう願望があった訳であります。

これはお釈迦様の云う通り、「三界は唯心の所現」で、自分の奥深い心で願ったことが、病気という不可抗力の形を通して、それを正当化し、そういう形を通して、自分の運命を歪めてしまい、出世を妨げている事実があるのであります。このように、自分自身が気がつかない心の奥深い所で、自分の運命を左右するような奥深い心と云うものを知る事なしに、人間は決して幸福は掴《つか》めないのであります。問題は、この潜在意識をどう浄化して行くかと云うことでありますが、これは時間の都合もございますので、時間があればまた申し上げますけれども、話を先に進めたいと思います。

一例を挙げました序《つい》でに、もう一つ申し上げますと、私の手許に一通の手紙が昨日届きました。或る若い女性からでございます。これは私の所へ約一年程前に母親に連れられて来た方で、「どうもこの子は気が強くて、我儘《わがまま》で親の手には負えない娘で、いくつかの縁談があっても皆向こうから壊れてしまう」と彼女の母親は私に言っておりました。顔には月の表面のように、ニキビが至る所に見られます。若さのシンボル等と言って笑っていられる所ではありません。そういう状態で私の所を尋ねたのであります。決して親が自分の子供を憎いと思って、可愛くないと思っている親など一人もおりません。仮に今の世の中では、親が子供を殺すような悲惨な事実が起こりますけれども、この心の奥底をずっと探って見ますと、ただその表面の現象だけでその人は裁けない、心の奥底に、やはりそういう人にも子供に対する愛情というものは存在致します。ただそれが歪んでいるだけであります。こういう事もやはり潜在意識の世界という事を、良く究明していかないと、そう簡単にものの真相は探れない訳であります。

この女性はまだ未婚で、所謂適齢期も過ぎまして、焦っている時であります。ところがこの親もやはり本人以上に心配し、子供の幸福を考えているのでありますが、子供に対する親の愛と、本人自身が感ずる愛の受け方は非常に違って参ります。親というものは、子供をいつまで経っても子供だと思っている。子供は自分を大人だと思っている。しかしこれらの人々は決して親が思っている程、子供ではなく、又子供自身が考えている程大人ではない。この事をよく知っていなければなりません。今日所謂恋愛結婚とか、自由結婚という事が謳歌《おうか》されておりますけれども、所謂亀の甲より年の功という事がありますから、やはり年長者の意見というものも充分聞きながら、主体的に自分が考えていくという、素直さが必要であろうと思うのであります。これは少し話が脱線致しましたが、この娘さんの場合、そうした子供に対する母親の愛の偏狭さ、盲目さというものが子供を大変縛りつけ、非常に必要以上の負担をかけて、反発心を駆り立てていた訳であります。私は約三十分程母親にその不心得を説明しておきました。それを聞いていた娘さんは、ハラハラと両眼から涙を流し、永い間親子の間で、又兄弟の間でも、親類の間でも、友人との間でも「断絶」があった訳でありますが、然し、私の話を聞いているうちに、自分の心の奥底を理解してくれる人がいた、少なくとも私だけは、永い間親にさえ理解してもらえなかったその娘さんの苦悩を理解し、自分に代って心中を親に伝えてくれたという喜びに、長い間閉ざされていた心の窓を開いたのであります。そこで素直にハラハラと涙を流し、そして自分の今迄の考えの浅はかさに気付き、親に対する本当の愛に感謝出来る心を持ち、そして素直に私の指示する方向について行く事を約束致して帰りました。それから一ヶ月もしない中に、私が東京でその娘さんとお会いしました時には、私の姿を見付けるなり、私の方へ駆け寄りまして、「先生こんなに顔がきれいになりました」と云いました。そう云われて見ますと、あのニキビだらけの見るも悲惨な顔が、つやつやと平らになって消えていました。ほとんど九分通りはなくなって、艶やかな顔になりました。それから三ヶ月もしないうちに、見違えるようになり、そして今迄何度もお見合いを致しましても、向こうから破談になってくる娘さんでありましたが、数日前にめでたく婚約が整ったとの事であります。「もし私が先生にお目にかからなかったならば、一生あのニキビ面で不平と不満の絶望の中で過ごしていたでありましょう。先生、どうもありがとうございました」と、本当に感謝の心で書いたであろう手紙を私によこしております。これが事実でございます。

このように人間の心の在り方の状態によって、肉体の世界に大きな変化を起こして来ます。その手紙には「私は毎日毎日楽しくて仕様がありません。相手の男性からも、貴方は明るくて素直で大変素晴らしい女性だと云って喜ばれている」という事も書いております。すべからく女性は男性に可愛がられ、喜ばれるような女性にならなければ、どんなに才能があっても幸せな女性になれないと思います。どうか若い皆さん、この事実をよくお聞きとり戴きまして、これからの自分の人生を築いて行く為の一つのヒントとして活用して戴きたいと思う次第であります。

又ある少年は、自分の鼻を無意識に掻きむしる悪癖を持っており、いつも皮膚がえぐれて血が滲んでいるので、物凄く痛々しく見えるのでありますが、本人は然程気にならず、次から次と生傷が絶えないのでありますが、これなども自己破壊の典型的な一例でありまして、罪の償いとして無意識に行っていることが明らかになったのであります。その原因は、精神分析の創始者のジークムント・フロイト〔オーストリアの精神科医一八五六～一九三九〕

は、人間の行動の根本には性本能があることを指摘しておりますが、子供は誰でも三、四才になると、自分の性器に対する興味と関心を持つものであります。その時に親が不用意に叱りますと、子供はこのような事は悪い事なのだと子供心に感ずるのでありますが、こんどは親に見つからないようにして、自分の性器に手を触れて弄《もてあそ》ぶ、自慰行為をするのでありますが、こういう行為は悪い事であると思い込んで了って、その償いをしなければならない、自分が苦痛を味わうことによって、罪滅ぼしをしなければならないと考えるようになるのであります。鼻は性器に関連のある所であり、自己を象徴する器官でありますので、これを痛めつけることによって、親から禁じられたことを破ったことへの償いを無意識の中に行っていたのであります。

従いまして、人間の性本能を偏狭な純潔意識によって規定して、性は醜いもの、汚らしいものと簡単に考えて、子供に押し付けることは、決して子供の幸福を齎《もたら》す所以《ゆえん》ではないのであります。こう申し上げますと皆様の中には「Hだ」と考える方が何人かおられると思うのでありますが、その人々の方が本当はHなのであります。直ぐに「H！」と二言目には云う女性がおりますが、そのような女性は性的な偏見を持ち、常に性的欲求不満に悩んでいるのでありますす。従いまして表面は非常に淑女らしく振舞っておりますが、その反面に於いては全然その反対でありまして、主人を会社に送り出した後、よろめきドラマのテレビに何時間もかじりついたり、姦通小説を読み耽ったり、他人のスキャンダル（醜聞）を嗅ぎ歩いては、井戸端会議や集会などの席上で得意になって吹聴するものであります。これは他人を非難することによって、自分を善人に仕立て上げ、それによって劣等感を優越感に置き換え、自分の心の悩みを軽減したいという潜在意識的な要請なのであります。大体饒舌《じょうぜつ》ということは、心理学的に口愛型と云われる人の典型的な現象で、性的欲求不満を告白している姿であります。即ち上唇と下唇が触れ合うことによって、性的肉体交渉の代償をし、自分の性的感情を刺戟して、欲求不満を解消しようとする無意識の自慰行為なのであります。このような人々には総じて医学的に云う冷感症型の人々が多いのでありまして、俗に云う不感症であります。またそうでなくとも、自分の過去に性的な問題に対して過失を心の奥底に秘めているのでありまして、私はそのような婦人を今迄に何十人となく見破って、これを確認しております。そして、これによって色々な病気や悪癖を治しております。以上の事からも分りますように、人は他人に騙される前に、自分自身に騙されていることが極めて多いのであります。また動物にしても、皆さんの中には犬が好きだが猫は大嫌いだとか、この反対に猫は好きだが、犬は大嫌いだという場合もあると思いますが、何故に嫌いなのかと尋ねますと、何となく嫌いだとか、嫌いだから嫌いだなどと云う人が多いのでありますが、潜在意識的には犬が嫌いなのでもなく、また猫が嫌いなのでもなく、遠い過去に於いて、犬又は猫を飼っていた人と何らかの嫌な関係が生じて、その人を嫌う為に「坊主憎けりゃ袈裟まで憎い」という譬《たと》えの如く、犬や猫まで嫌いになっているということが多いのであります。従ってそういう動物の好き好み、植物の好き好み等の中でも、実はそこに精神病理学的な現象が出ておるのであります。円満な豊かな心を持つためには、普遍的にそういう動物や植物を愛護出来るような心にならなければなりません。食物の好き嫌いなども、これと同じことが云える場合が大変多いのであります。これは好きだがこれは嫌いだ等、色々の偏食で皆さんがお子さんを育てられる時に、非常に困る事が多いと思うのでありますます。そういう食物の好き嫌いも必ず過去に於いて、今申し上げたと同じような人間関係、そういう問題のいやな記憶がその中に残っている訳でありますから、これは性格だから、癖だからと云って諦めておりますけれども、そうではなしに、その心の奥底の病気と云うものを解放して行きますならば、そういう食物の偏食等も治って行くのでありますこれは事実私が何十人となく、実際にそれを指導致しまして治して上げている事実がございますから、決して虚妄《きょもう》の私の単なる空言ではありません。

五　人間の心に内在する宇宙意識

このように人間の心の奥底には、私共の意識しない、いろいろな過去の記憶を細大漏らさず保存してあります。このような神秘な心を持った人間の生命も、その初めは一つの卵と一つの精子の合体から始まり、分裂増殖を続けて、一人の人間になることは先程も申し上げた通りでありますが、この潜在意識の奥には更に所謂宇宙意識と呼ばれる心の世界があることが、世界の一流の学者達から指摘されて来ております。人間は、ミクロコスモス即ち小宇宙と云われますように、バイブルによりますと「神様は人間を神様の姿に肖《に》せて造った」と書かれておりますが、直径〇・五粍《ミリ》の卵が分裂して、僅か十ヶ月の間に一人の人間としてこの世に呱々の声を挙げ、喜怒哀楽の心を持ち、更に真・善・美に憧れ、自由意志を以て進歩向上を目指し、広大無辺な宇宙と悠久な時間の中で、愛し合い、信じ合う心が生まれて、更に叡智的直観によって、宇宙と人間及び森羅万象の神秘に対して、単刀直入に、その真理を把握する力は、誠に生命の限りない神秘であり、これはイエス・キリストの処女懐妊の奇蹟よりも、遥かに神秘な生命の真実であることに気づかねばならないと思うのであります。人間が生きていること自体が誠に大いなる奇蹟であります。

今日、宇宙とは人間を無限に拡大したものと考えれば理解し易いと思うのでありますが、人間の身体は先程も申しましたように尨大な細胞から出来ており、その細胞は無数の原子や素粒子から出来ていることは周知の通りでありまして、原子の世界と宇宙との間には完全な相似的関係があるのではありませんが、我々人間の肉体の中の素粒子の世界から、肉体を眺めましたならば、丁度夜空に無数の星を見るようなもので、我々人間が今日地上に立っていることは、大宇宙という広大無辺な肉体を構成する地球という素粒子の上に附着している微生物であることを、相関の理によって感受されるのでありますす。我々が地上に立って夜空を眺めますと、物質である無数の星が見られるだけで、そこには生命の存在など感受することは出来ませんが、人間に心があるのと同じように、この宇宙という無限大な肉体を媒介とする宇宙精神が存在するということは、何人も否定することは出来ないのであります。これを宇宙意識と呼ぶ人々もあり、またこれを宇宙生命と呼んでも差し支えないのであります。宇宙間の森羅万象は宇宙生命から出現すると云ってもよいのであります。人間の実体は精神的・霊的実体であると同じく、万物は宇宙生命の顕現であると云うことが出来ると思うのであります。今日アイザック・ニュートン〔一六四三～一七二七〕によって発見された万有引力の法則の秘密は、まだ科学的に、解明されておりませんが、これに依って、この万有引力の秘密を解くヒントも与えられるのではないかと思うのであります。昔の宗教に於いては、この宇宙生命を天地創造の神と呼び、キリスト教ではエホバの神といい、イスラム教ではアラーの神と呼び、我が国の古神道では天之御中主神《あめのみなかぬしのかみ》と呼んでおりますが、この神は人間の五感を超え、六感をも超えた霊妙不可思議な神であります。我が国の「古事記」神代巻ではこの辺の消息を「天地の初めの時、高天原《たかあまはら》に成りませる神の御名は天之御中主神、次に高御産霊神《たかみむすびのかみ》、次に神皇産霊神《かみむすびのかみ》。この三柱の神は皆独《ひと》り神なりまして、隠身《かくりみ》にましましき」と書いてあるのでありますが、これは古代人の神話で、今日の科学的宇宙観から見ますと、荒唐無稽のように考えられているのでありますが、決して左様に簡単なものではありません。これは誠に大らかに雄大に、科学的に且つ優美に、創造の原理と天地の開闢《かいびゃく》を表現しているのであります。

「古事記」は日本最古の古典であることは周知の通りでありますが、これは天武天皇のご遺志を奉じて、元明《げんめい》天皇が、太安萬侶《おおのやすまろ》に命じて、稗田阿礼《ひえだのあれ》が暗誦した「旧辞《きゅうじ》」「帝紀《ていき》」を元として編集せしめたものでありまして、古事記編纂以来千三百年、その間の一千年間は伏せられた本として放置され、古事記の研究は僅かに三百年の歴史しか持っていないのでありまして、荷田春満《かだのあずままろ》や賀茂真淵《かものまぶち》の研究を経て、本居宣長《もとおりのりなが》が非常な努力を払って「古事記伝」を著すに至って、漸く一般に読まれる本になったのでありますが、古来の学者の説もまちまちで、古事記の本質は容易に把握されずに今日に至っているのであります。

六　日本神話に秘められた宇宙の実相

そこで少しく、古事記冒頭の解説を申し上げて置きたいと思いますが、古事記が従来指摘されて来たような、単なる未開人の妄想や、独断でも夢物語でもなく、古事記が今後、人類最高の遺産として、世界の尊敬と賞讃を博するようになるであろう所以の一端を申し述べておきたいと思うのであります。この解説をするに当って私共は、私が先程から申し述べて参りました天文学的宇宙のこの現実界の外に、所謂幽界があり、幽界の上に霊界があり、霊界を無限次元超越した意味での、無限の神界の実在を確信して、その基盤の上に立って、全大宇宙観を形成していることを前もって申し上げておきます。

これを理解する為には、今日の科学乃至哲学上の時間及び空間の概念を、次元的に切り換えて考えて行かなければなりませんが、今日はその時間の余裕がありませんから割愛致します。そこで、古事記冒頭に「天地《あめつち》の初めの時、高天原に成りませる神の御名は天之御中主神」とありますが、古来高天原とは一体何処にあるのかということで、古来の神道学者も色々と苦心して、その所在を究明しようと努力したのでありますが、古来の学者達の学説は何れも古事記の本質を見失っていて、見るべきものがありません。私はこれらの先人が努力した結果を参酌《さんしゃく》〔比べて参考にすること〕するにやぶさかではありませんが、実在の世界に触れることなく、これを肯定し得ない従来の学者にとっては、古事記は伏せられた記録でしかありませんでした。古来の学者の中には、高天原は天空の一角であると考えた人達もおり、またこれを地上に求めた学者達も多くおる訳でありますが、新井白石が高天原を筑波山と考えたのは有名であり、現在茨城県に高天原と呼ばれる場所がこの他に二ヶ所あり、水戸の郊外及び鹿島郡の鹿島神宮の東方三粁の地に高天原と呼んでいる所があります。しかしこれらは勿論何れも第一義的高天原の場所ではないのであります。そこで話を進めますと、高天原には二つの意味があるのでありまして、一つは全大宇宙と云う意味であります。お釈迦様の云う三千大千世界〔仏教の世界観における宇宙の単位〕を包含する世界であります。第二にこの全大宇宙の中で、神様のおいでになる神都という意味であります。これから派生して、これが地上に顕現せられまして天皇がおわします所を、これを高天原と呼ぶのであります。現世的に第三義、第四義の高天原が出現する訳であります。そしてこれを地上に象徴しようとするのであります。次に天之御中主神ということは、人間意識で考えられるような人格神ではなく、宇宙創造の原理を包含したロゴス〔理法〕のロゴス、即ち実在を御神名を以て表現したのであります。従って、天之御中主神は高天原であり、全大宇宙であり、これを宗教的表現をすれば天之御中主神となる訳であります。即ち宇宙の最高意識が天之御中主神であります。次に高御産霊神、神皇産霊神と書かれておりますが、宇宙創造の原理を陰陽に配して、かく表現したのでありまして、いわば天之御中主神の内分でありまして、この天之御中主神、高御産霊神、神皇産霊の神の三柱の神は、実は御一体であって一体の二面を表現したのであります。ここで「むすび」とは苔《こけ》むすとか、むす子などの「むす」と同じで、創造的生命力であり、「び」はくしび、たましび、かみなどのび、み、ひの場合の「び」で、「び・み・ひ」は共に宗教的神秘性を表す接尾語であります。従いまして、むすびは生産的神秘力で、むすびの神となりますと、生産的神的神秘力当体《とうたい》〔事物そのもの〕ということになるのであります。次に「独り神」とは従来考えられていたように、結婚していない独身の神様である、というような安直な解釈は許されないのでありまして、この独り神というのは、古事記編纂当時の、二神の言葉に相対する言葉でありまして、昔は筑波山がイザナギ、イザナミの陰陽二神をお祀りして、二上山（二神山）と呼んでいたのでありますが、これに対して独り神とは、陰陽に分化以前の高次元の独一の絶対神であられるということを意味するものであります。それに依って、次に続く「隠身《かくりみ》」の意味が分って来るのであります。隠身は現身《うつしみ》に対する言葉で、この世の中を現世《うつしよ》、あの世を幽世《かくりよ》と呼ぶように、肉体を持った現実界の体を現身、肉体を持たない霊妙な霊体だけを「隠身」と云うのでありまして、この現象界に姿を表わされないのでありまして、本田親徳《ほんだちかあつ》先生が「幽の幽なる神」と云われましたように、現世の人間界からは勿論、多くの天地の神々からも、そのお姿を拝することが出来ない、非常に次元の高い世界におられる隠り身なのであります。このような幽玄な世界の真理を、叡智的直観によって把握した古代の日本人の素晴らしさは、誠に驚歎して余りあるものであります。

このように、宇宙の構造は限りなく奥深く霊妙なるもので、その世界の一端を体験しただけでも、筆舌に表現することは至難の技であります。私共はその多くの叡智的体験と、古今の文献的事実、及び自然科学、哲学、宗教の三本の柱を軸として、古来人間が千古万古に亘って謎として来た神秘の世界を究明し、霊魂の存在について、大胆率直にその存在を肯定し、責任を以て人間に前世ありと断言すると共に、神々の実在を深く確信するものであります。

七　神性を予約された「人間の自己発見」

アメリカで一流の女流心理学者ジナ・サーミナラ女史〔一九一四～一九八四〕は、キリスト教的環境の中で、一九四五年に死亡したバージニア・ビーチの奇蹟男と云われたエドガー・ケーシー〔予言者・心霊診断家一八七七～一九四五〕のライフ・リーディングと呼ばれる、彼の無意識下に於いて二十年の永きに亘って喋った記録を、多年に亘り、科学的に丹念に調査した結果、人間に前世あることを確信し、東洋に於ける古来の輪廻転生《りんねてんしょう》の思想を肯定しております。これを他山の石とする事は意義の無いことではないと存ずるのであります。

このサーミナラ女史の言葉に従えば「生命の本源を、海底油田の石油を採り出す為に、差し降した数マイルのパイプの長さに譬えれば、今日の欧米に於ける深層心理学の如きは、玉葱を植えるために掘りおこした数インチの深さにしか過ぎない」と申して居りますが、人間の心の無限の深さを思わしめるに相応しい言葉であると思います。

一九〇五年、アルベルト・アインシュタイン〔一八七九～一九五五〕が相対性理論を発表して、時間はほぼ空間と等しく、そして物質には厖大なエネルギーを内蔵していることを提唱し、物理学の世界に偉大な革命を齎《もたら》し、これによって原子力が開放され、今日の原子力時代を迎えたことは先程申し上げた通りでありますが、或る人が「どうして相対性理論を思いついたか」と問うた時、「公理を疑って見た時である」と答えたと云われます。一見自明の理と思われるような事柄を再検討する時に、思いもよらぬような偉大な発明や発見が行われるものであります。この相対性理論によって宇宙間の現象は、すべて説明が可能であると思われたのでありますが、この世の中には、このような唯物論的理論だけでは説明のつかない現象が、沢山あることがだんだん分って来たのであります。その一つに所謂心霊現象の問題があります。今日では超心理学と呼んでおりますが、アメリカのデューク大学の超心理学教室のジョゼフ・ライン教授（一八九五〜一九八〇）が、一九三四年以来、超心理学の問題を研究して、人間には超感覚的能力、即ちテレパシー、念力、予知能力などがあることが科学的に明らかにされました。火山の噴火の前に野兎が人里に逃れて来たり、火災の前にはその家から鼠が逃げ出したりする不思議な能力に対して、生物学者達が随分以前から注目しておりました。予知能力が人間にあるということは、従来の物理学の理論からは考えられなかったのでありまして、このようなことが科学的に実証されたとなりますと、従来の人間観、世界観、宇宙観に重大な革命が起こって参るのであります。従って従来、金科玉条として来た唯物論的宇宙観、人間観は根底から覆《くつがえ》って参るのであります。現在の超心理学の結論によりますと、人間の人格を構成する中枢は、合理主義では到達出来ない霊的領域であることを実証しておるのであります。超心理学はアメリカばかりではなく、ソビエトやフランスやドイツの超心理学者達も同じ結論を出しておるのであります。そう致しますと、この天文学的三次元の世界の奥に、四次元以上の世界の実在することを科学的に示唆することになるのであります。

人生の幸福とは何かということは、大変難しい問題でありますが、驚異的な経済的発展の中で、昭和元禄を謳歌している時、その一方では、人間不信の嵐が社会の隅々にまで浸透して愛の不毛は生存への重大な障碍《しょうがい》となり、大きな社会不安を形成し、人間の心の奥底に生存への恐怖を鬱積《うっせき》させつつ、不平と不満の中に生活しております。親子の断絶とか、人間喪失とかが叫ばれ、人間の生き甲斐を見失いつつある世相の中で、人間性の回復という事が社会の各方面から要請され、精神的な世界にようやく目が向けられつつある昨今であります。

世界的に有名なフランスの生物学者ルコント・ヌイ〔一八八三～一九四七〕は「人間の運命」という本の中で、「我々が従来金科玉条と考えていた科学的真理は、寧《むし》ろ虚妄の世界であるかも知れない。従来迷信であると考えられていたキリストの奇蹟の世界こそ、実在の世界であるかも知れない。我々人類は、今後新しい神を発見しなければならない」と云っておりますが、二十一世紀は正に新しい神の発見の時代であり、二十世紀後半は、この新しい時代への胎動の時期とも云えるのであります。イギリスの有名な歴史学者アーノルド・トインビー〔一八八九～一九七五〕や、クーデンホーフ・カレルギー博士〔オーストリアの国際的政治活動家一八九四～一九七二〕なども、この方向を目指す一人でありましょう。宇宙的視野を背景とした普遍人類的な新しい神は、従来のような理性に嘲《あざけ》られる神ではなくして、理性を跪《ひざまず》かしめる神でなければなりません。ソクラテスの「汝自身を知れ」という言葉は「我々自身に宿る神性を知れ」という言葉でありましょう。人間が地上に生きる終極の目的は、キリストが「汝の心を尽し、汝の精神を尽して、汝の主なる神を愛すべし」と云ったように、その心の奥底深く、神性を予約された「人間の自己発見」でなければなりません。

今日の日本及び世界の混沌たる現状を具《つぶさ》に観察して見ますと、キリストが出現した当時の、ユダヤの混乱の中でメシヤ〔救世主〕の出現を求めたユダヤの民衆、あるいは釈迦が出現した当時の、バラモン教の弊害に悩まされた印度の状態に大変似通った所が見られます。今日、絢爛《けんらん》たる機械文明の発展の真只中で、人間は不信と猜疑心に悩み、物質的な繁栄や恩恵とは裏腹に、孤独と不安に戦《おのの》き、不平と不満に充ちて、社会不安や闘争を繰り返している現代の文化人の胸底深く、新しいメシヤの出現を待ち侘びていることが、ありありと観取されるのであります。

翻《ひるがえ》って我が国は、先年「神道―日本の源泉」という本を著し、フランスで学術のグランプリを受賞した、ジュネーブ大学教授ジャン・エルベール博士〔一八九七～一九八〇〕が云われておりますように、日本は「神と自然と人間との調和」の中で、天真爛漫な生活を続け、皇室を一大宗家として、敬神崇祖の伝統を連綿として伝えて参りました。

人類は、古来絶えず光を求めて参りました。ドイツの偉大な文豪ヨハン・ゲーテ〔一七四九～一八三二〕も、八十余年の生涯を生き永らえ、そして死に臨んで「メーア・リッヒト」

（もっと光を）を述べていることは、大変有名な話であります。ゲーテのような偉大な天才にして、尚且つ光を求めているのであります。凡人が光を求め、光に憧れ、光を尊ぶのは寧ろ当然と云わねばなりません。仏教に於ける「南無阿弥陀仏」の六字の名号は、「真理の無量光の光を与え給え」という意味でありますから、矢張り光を求めているのであります。我が国は祖先以来生命力の根源たる太陽に向かって合掌し、俳聖芭蕉が「荒海や佐渡に横たふ天の河」と詠んでいるように、荘厳雄大な天の川の美観に感動し、己が心の深奥に潜む、太陽のように輝く燦然《さんぜん》たる魂の光を、自己内観によって体験し、天・地・人三位一体の体験による生命の歓喜を通して、人間の徳性を磨き、生命の尊厳と永遠性を信じ、神と自然と人間の調和のもとに、天地と共に無限の進歩向上を目指した我が古代の日本人は、いかに豊かで大らかで、天真爛漫で科学的で且つ叡智的であったかが窺《うかが》われるのであります。この間ローマ法王にお会いして来た私の身近なものがおります。その話によりますと、十万人の聴衆を前に日本の古来の思想、即ち日本の神道思想というものは、キリスト教を凌ぐ素晴らしい宗教であるという事を、イタリアの国民の前で述べております。エルベール博士もその時同行されましたが、同博士は世界的に有名な比較宗教学者でございます。彼は従来比較宗教学者として、「日本の神道思想というものは、宗教の枠外のものであるというように考えていた。しかし、これは今までキリスト教という宗教を宗教の原型、即ち尺度として考えていたところに問題があったのであって、キリスト教というものの尺度を放擲《ほうてき》して、新しく赤裸々な姿で考えて見ますと、日本の神道というものは世界最高の宗教であることが今度はじめて分った」と、先日、エルベール博士は申しております。このように世界の耳目は期せずして精神界に、そしてその精神界の本家本元である日本に、耳目が注がれて来ております。

極く最近の医学の研究によりますと、人間の受胎現象に於いて、成熟卵が無数の精子群に取り囲まれると、或る時卵が突然猛烈な謎の左回転を始めることが知られておりま す。そして一個の精子が卵膜を破って卵内に突入する時、卵膜は丁度、地上の火山の噴火の時のような壮観を呈します。そこには最早、性の猥褻《わいせつ》さや醜さや、汚なさは微塵も存在する余地がありません。そこには唯、生命発生の荘厳な事実があるだけでありま す。性を醜くしたのは、人間の浅はかな醜い心であります。今後私共は、人間の真の幸福を願うならば、性が美しく、素晴らしい、そして荘厳なものに見えるような、大らかで豊かな心を養わなければならないと信ずるものであります。私は心ひそかに、無数の生命を生み、そして育んで行く地球と人間の成熟卵との間に存在する相関性に、大いなる感動を覚えるものであります。地球も左回転であり、電子も左回転であり、人間の大脳も左半球が発達しており、指の指紋の渦も左巻きで、古来日本に於いては左は、ひだり（霊足り―霊魂が満ち足りる）と考え、左を上位とし、右を下位として、作法に於いても左を主にして、右を従として行動されて来たものであります。そして更に、着物に於いても左を前として来ました。左を尊び、左を先とし、左を柱として生活して来た日本人の伝統的生活の中に、天地創造の原理をそのままに生きて来た日本人の叡智と、生活原理の素晴らしさを見出し、これを讃美し、これを日本人の誇りとすべきであると存ずるものであります。またこの伝統的日本の生活原理こそ、真に日本を興す力となると信ずるものであります。今後、もっともっと高く広く深い視野を以て、宇宙と生命の神秘の扉を開き、この観点に立って日本の素晴らしさを再発見し、これを実生活に活かし、更にこれを我が国及び世界の平和と福祉に貢献する為に、大いに活用すべきであると切に念願する次第であります。

ご静聴有難う御座いました。

第十三回精神文化講演会
昭和四六年五月十五日　於　日立市民会館大ホール

第二章　神と悪魔

現代の大脳生理学に依れば、人間は誰でも、自分の持っている知能の僅か二～五％しか活用しておらず、あとの九五％以上が、箪笥《たんす》の中にでもしまい忘れたお金のように放りっぱなしで、誰一人使おうとしないのだと言う。人間にはおよそ一四〇億個の大脳細胞があると言われているが、実際には一〇〇分の二、三しか使っていない事になる。これが事実だとすれば、人間は丁度莫大な親の遺産が有りながら、これを知らずにみすぼらしい生活をしている遺児に等しい訳で、誠にもったいない残念な話である。

そこで我々は、頭脳に関する従来の考え方を変えなければならない。即ち、頭が良いとか、悪いとか言うのは間違いで、問題はその人がどれだけの大脳細胞を使っているか、または使っていないかという事なのである。誰かが天才であるのは、その人が普通の人より一～二％余計に、大脳細胞を動かしているというだけのことである。また誰かの知能の低いのは、普通の人より一～二％余計に大脳細胞が眠っているというだけのことである。若し、知能が低くて劣等感を抱いているとすれば、知能が低いのを歎くのを止めて、奮発して人より少し余計に大脳細胞を動かすようにすれば良いのである。若しも人間の知能が倍加され、人類の知的水準が現在の二倍乃至《ないし》三倍になったとすれば、世界はどのように変るであろうか。恐らく、現在人類が抱いている凡ゆる問題を解決して了うのではなかろうか。それればかりではなく、この地球上には、全く新しい構造社会が出現するのは、決して想像に難くないのである。今日、人類の上にのしかかっている問題を覗《のぞ》いて見れば、奪い合い、殺し合い、憎み合い、傷つけ合いなど、そして地球上に急速に広がりつつある有害物質、そうして二十一世紀には人類は生存出来るだろうかという不安を人類は抱いているが、これらの原因はどこにあるのであろうか。それは言う迄も無く人間が愚かな為である。人間は自らを呼んで、万物の霊長と称し、人類学者カール・リンネ〔一七〇七～一七七八〕は、人間を分類してホモ・サピエンス（知慧あるヒト）と学名をつけたが、ノーベル賞受賞の生理学者シャルル・リシェ〔一八五〇～一九三五〕は、ホモ・

スツルツス（愚かなヒト）と名づけた。彼は人間の数々の愚行を挙げて、超愚人類と呼びたい位であると言っている。彼の言うように確かに人間にはこの二つの面がある。賢い知慧ある面と、愚かで弱い面と、この二つが混り合っている矛盾した生物が、正に人間であるという事なのであるが、現在我々の周囲を眺めて見ると、ホモ・サピエンスの面よりも、ホモ・スツルツスの面が、圧倒的に巷に氾濫しているのが実状である。科学と技術は人間の力を無限に拡大したが、同時に人間の殺戮《さつりく》と搾取《さくしゅ》と憎悪と闘争心をも無限に増大して来ている。人間が進歩し、向上し、創造性を開発して行く場合、それは同時に強い闘争心をも駆り立て、情緒を破壊するという矛盾した結果を招くことになるのである。

戦後の風潮としての、所謂「教育ママ」に依って育てられ、結婚や就職の有利な条件獲得の手段としての勉強や進学を強いられ、学校の成績にのみ拘泥《こうでい》〔こだわること〕しながら、成人した学生や青年達の心の中に、不平や不満が多く欝積《うっせき》し、闘争心が激しく、反社会的であり、利己的で且つ情緒的欠陥が目立つのは決して偶然ではないのである。今日、人類に最も必要なものは、科学技術でも物質的財宝でもなく、革命でも無ければイデオロギーでもない。また人種闘争でもなければ、階級闘争でもないのである。幾十回革命を起こしても、幾百回闘争を繰り返しても、人類の知能が現在の水準にある限り、それは空しい過去の再現にしか過ぎない。

人類史を繙《ひもと》いて見れば、機械技術、科学や文明と称するものがどれ程進歩しても、愚かな人間達の行動の形式は少しも変っていないことがよく理解されるのである。人間は常に奪い合い、憎み合い、殺し合う、この形式の繰り返しに過ぎないのである。数千年前の未開時代の戦争と、第二次世界大戦や、今次の中東戦争に於ける敵、味方の憎み合い、殺し合う心にどれだけの隔《へだ》たりがあろうか。今日知性を誇る世界の文化人の心情も、アフリカのホッテントットの心情も、一皮むけばさ程の相違はない。唯、文化的装いをもって偽装しているだけである。ネアンデルタールの昔から人間の知能は一歩も前進してはいない。知能を高める技術とは、ものを教え、ものを覚えさせることではなく、覚える能力そのものを高める方法でなければならない。教育は唯その人が本来持っている所の知能を開発するだけで、知能そのものを高めはしないのである。今日、人類に取って最も必要なことは、人間の精神的水準を一次元上昇せしめ、知能そのものを高めることである。これが実現すれば、現在の社会機構は一変し、古い社会体系は解体され、そこから生まれる新しい文明は、今日の次元を一つ超えることになろう。この時始めて未来の無い暗黒な現在の人類の行く手に光明を与え、世界は蘇《よみがへ》り、この精神革命だけが全人類を破滅から救う唯一の道なのである。そういう未来社会が、今までとは全く構造の変った社会体系が遠からず出現しようとしていることを、我々はひしひしと胸底深く感ずるものである。正に今日は人類に取って有史以来、未曾有の大変革期に遭遇しているのである。我々が天の時と敢えて言う所以《ゆえん》である。最高度に発達した知能を持つ未来社会の人間は、普通の現代人がホモ・サピエンスであるのに対して、特殊な能力を身につけたホモ・エクセレンス（超・ヒト）で、新しい人類である。いやこれこそが本来の人類で、現代の普通の人間は、古い前人類に属することになるであろう。

　世界的に有名な人類学者、パリ大学のジョルジュ・オリヴィエ教授（一九一二〜一九九六）は「未来の種属、超・ヒトは恐らく、現代人を一として、三・九という脳発達度係数を持つだろう」と言っているが、このような超・ヒトは第四次元の理解や、複雑な全体を瞬間に把握する能力を持ち、更に第六感の所有者であるばかりでなく、無限に発達した道徳意識を持ち、特に現代の普通人には不可解な精神的な特質を持っているという、大変著しい特徴を持っているのである。

それではその新しい超・ヒトは一体何時現われるのであろうか。それは三千年も五千年も先のことであろうか。オリヴィエ教授は、生物学の進歩の法則に立って「未来の超・ヒトは間もなく、不意に来ることになる」と予告しているのである。しかし、それは必ずしも他の天体から宇宙人が地球を訪れて、新しい人類の出現を齎《もたら》すということを意味するものではない。寧《むし》ろ、現代の人間に予約内蔵された能力を開発することによって、飛躍的な超能力を持った人間となることを意味するものである。しかし、東洋には昔からこのような超能力を開発する方法が伝統的に伝えられているのである。インドのヨーガや日本の古神道がそれである。

ところで、これらの超・人間はどのような能力の保持者なのであろうか。その幾つかを具体的に述べるならば、それは第一に、極度に発達した知能を持ち、一度見聞したことは絶対に忘れることのない記憶力を保持し、またどんな複雑な構造でも組織でも瞬間的に分析し、推理し、理解して了う力。それから純粋な思考力による超飛躍的な創造力の持ち主、そして、これらの人々は容易に四次元の世界を理解することが出来る。

そして第二番目には、彼は感覚器官が異常に発達していて、赤外線や紫外線などの不可視光線を見ることが出来、超音波を聞くことが出来る。またその異常感覚と高度の知能の結合によって、予知能力が極めて発達している。

第三に、思うままに自分を変え、他人を動かし、集団や環境を自分の理念の通りに創造して行く所の、環境の制御と創造能力を持っていることである。第四に、物質を超え、物質を自由に統御する力があり、第五に、超高度に発達した道徳意識を持っていることなどである。

獲物を追って荒野を徘徊したピテカントロプスの一群が、石を拾って原始動物に投げつけることに気付いた時、彼等はホモ・サピエンスへと進化する第一歩を踏み出した。そして、その石はやがて道具へと進み、その道具を現世人類は科学に変え、科学は人間の能力を無限に増大して、今日の人類の文明を築き上げて来た。

しかし文明をここまで発達させて了った人類という生物は、最早やこれまでの地球上の生物とは全く違った進化の段階に足を踏み入れているのである。現代に於ける人間について考える時、もうそれは文化や、科学や技術、社会制度、思想など、人類自身が創り出した文明と切り離しては、到底考えることは出来ない。現代の人類は、かつての人類のように単独では人類ではあり得ない。人類が創り出した文明という諸々の背景や、道具などの恩恵を通して、始めて人類たり得るのである。何故ならば、現代の人類は、そういう背景や道具の中にあってはじめて生存能力が発揮され、存立し得るのであって、それらのものを取り去って了った人類は、人類としての能力が全く消失して了うのである。それは、最近の中東戦争に端を発した石油危機という一つの原因によって、エネルギー資源に重大な影響を及ぼし、これが産業経済はもとより、政治、社会、家庭生活の隅々に至るまで、深刻な打撃を与えつつあることを考えるならば、上述のことは容易に理解される所であろう。

このようにして、現代人類は文明という環境の中に生存し、文明の開化を人類の進歩と呼んで来た。しかし、進歩とは一体何なのであろうか。進歩とは限り無い幸福への前進である。最初、人類が進歩と幸福を求めて乗りこなしていた科学と技術は、進歩の過程に於いて、何時の間にか逆になっていたのである。今や進歩という言葉は堕落して了ったのである。現代に於いては、進歩という言葉はおおむね生活水準の変化を意味するものとして使われ、生活の内容ではなく、物品の豊富さを表わすものになった。進歩は更に洗練された趣味、より良い心身の健康を意味するものではなくなり、人々が如何に多くの商業製品を所有出来るか、国家がどれだけ多くの破壊兵器を所有するか、或いはせいぜい国家がいかに多くの宇宙船を軌道に乗せ、国民総生産がどれだけに殖えたかを意味するものになって了った。科学の力が増大するにつれ、その用途は高貴さを失って益々つまらなくなり、野蛮になり、非道徳にさえなることが多くなって了った。科学を言わば商売繁昌と商品の増産だけに駆り立て、人類の理想を裏切ることになったのである。科学の技術的応用、あるいはその他の実際的応用が乱用され過ぎて来ている。しかし、もっと必要なことは、社会進化の結果によって齎された諸々の問題を、人間が客観的、合理的、創造的に判断するのに役立つ知識と考え方を築くことであろう。ところが、こうした方面の科学は、大学に於いても、研究所に於いても、全く無視されているのではないにしても、非常に低く評価されている。現在我々が科学万能の時代にいるのだと誇らしげに謳歌しているが、これが実際に意味しているものは、人類の真の必要度を顧みないで、世界の天然資源をせっせと開発していることであり、これはやがて大気汚染を始め、多くの公害を齎し、人類が自らの喉首を真綿で締めつけるような結果になりつつあるのである。科学が人類の幸福を齎すと考えた人類の夢は、遠い昔の神話になり果てようとしている。産業社会が益々多くの人々の為に、過去一世紀に亘って増大させて来たのと同じテンポで、あらゆる物の生産をそのまま拡大して行くならば、最早や人類の破滅の時が訪れることは避けられない現実である。

科学の知識は、確実に貧困に打ちひしがれることから人類を解放したし、宇宙と生命に関する識見を広めた。実際ごく最近に至るまで、科学者も一般の人々も、科学が本来善であり、科学が産み出す諸々の技術は、望ましい変化と社会の進歩を齎す、素晴らしい技能を持っていると考えて疑わなかった。しかし、極く最近に至って、繁栄と安楽が、健康と幸福を保証するものではないと、一般に認識されて来たのである。実際物質的進歩の結果、人間の生活が損なわれたことは決して少なくない。環境汚染、特に騒音による神経の強い緊張、公徳心の低下、プライバシーの侵犯、社会的画一化に伴う画一化された人間の増大などは、技術、少なくともその誤用から生じた現代生活の悲しむべき側面の、ほんの二、三の例に過ぎない。

不安の最も大きな原因は、科学的知識が、過去に於いて人間が倚《よ》って立っていた伝統的価値を弱め、崩壊させたが、その代りとなる新しい倫理体系を提供していないことにある。知識は迷信と謂《いわ》れの無い恐怖から人間を解放したが、物質的存在に精神的悦楽を織り込む信念を人間に与えなかった。これ迄も屢々《しばしば》言われているように、科学は人間に生きる糧を与えるが、生きる目的を与えはしないのである。「生物学の進歩は、倫理体系や信仰の伝統的背景を急速に破壊しつつある。しかも、その代りにそこに何を置くべきかを見出していない」とアメリカの著名な人類遺伝学者も述べている。問題はここにある。

科学と技術が人類に取って神であるか、悪魔であるか、それを解く鍵がここにあると思う。生きる糧を与えても、生きる目的を与えないものは、その与える糧がいかに素晴らしいものであっても、それは神ではないと思う。そういうものは、たとえどんな繁栄や安楽を約束して呉れても、それは絶対に神にはなり得ない。神とは生きる意義と目的を与えて呉れるものでなければならない。我々はこの人間の生きる意義と目的を真剣に究明しようとしているのである。そしてこれこそ人類にとって、最も重要且つ神聖な事業である。

新春にあたり、所懐の一端を述べ年頭の辞に代える次第である。

昭和四九年一月十日

講演をされる鴨志田恒世先生

第三章　自らの道を選べ

普通、酸素は地上の植物群によって造られるものと考えられている。そして、それは決して間違いではないが、しかし、実際は、地上で造られる酸素の二倍以上の酸素が海の中で造られていることを忘れ勝ちである。即ち、地上への新しい酸素の供給は、その三〇％が地上の植物群によって行われ、残りの七〇％は海中の珪藻類によって行われているると言われる。そうして、現在その七〇％の部分に大きな変化が起こり始めていることが判明して来たのである。これを換言すれば、地球の酸素の供給源は、その殆んどが珪藻類、即ち殆んどの魚類の基本的食糧となっている、海中の小さな浮遊植物から出ており、しかも化学物質の影響によってその珪藻類に異変が起こって、酸素の供給量が大幅に減少し始めているということで、これは人類の生存に取って由々しき問題であることは多言を要しない。

　地球上の全植物が酸素を出さなくなっても、二〇〇〇年は持つけれども、珪藻類の方に異変が起こったら、容易ならぬ結果が齎《もたら》されることは必定なのである。科学者達の調査によれば、先ず除草剤が珪藻類を破壊する効果を持っていることが明らかにされた。そして、一万噸《トン》級の汽船二隻が除草剤を積んで転覆すれば、人類の生存に取って重大な破局が齎されることが、計算の結果明瞭になっている。更に大きな危険は、ＤＤＴのような殺虫剤であり、ＤＤＴが珪藻の光合成を妨害することも実証されており、一二種類のプランクトンが、過去二〇年間に減少しつつあることは生物学会に報告されている所である。また、今日我々は非常に多くの酸素を破壊しつつある。自動車や飛行機は非常に大量の酸素を消費する。世界中でいつでも空には三千機以上のジェット機が飛んでいる。それによって一年間に一六〇〇万トンの酸素が失われる。然も空の旅は今後ますます増えるばかりであり、更により大型の飛行機の出現によって、酸素の消費に拍車を掛けることになる。航空機の酸素の需要量は、二〇世紀の終りまでの、今後二十数年の間に、約一〇倍に膨れ上がるものと見込まれている。更に、地上の酸素を供給する森林を切り倒し、田圃《たんぼ》や畠を埋め立てて、酸素を全然出さない宅地造成をしたり、アスファルトやコンクリートで舗装している。いま、アメリカでは消費する酸素の僅か六〇%を供給しているに過ぎないし、都会では酸素の消費が生産を遥かに上廻っている。その酸素不足によって、既に子供は緊張を強いられ、呼吸困難に悩んだり、心臓の負担がその限界点まで強いられたりしており、この徴候は世界的な工業国日本に於いても決して例外ではないのである。つまり、森林の開拓、地面の舗装、内燃機関の増加などによって、除草剤や、殺虫剤よりも遥かに急激で大規模な被害が惹き起こされる危険を持っているのである。こうして地球の大気圏は、次第に変って、酸素消費型の生命形態が存在することの出来ない、原始の状態になって行くことは、決して想像に難くない。そして、再び、地球上に生命が蘇り、繁殖するまでには、生命が誕生した当時の非常に長い過程が必要となる。それは恐らく何億、何十億年という歳月になるかも知れない。

ある日突然、都市の人間すべてが急に呼吸困難を起こし、咽喉や胸をかきむしり、大地をころげ廻りながら、次第に窒息して行く風景を想像するのは決して難しいことではない。その上、最近登場したのに放射性物質の汚染があり、これらを考え合わせるならば、真に寒心に堪えないものがある。然し、こういう外面的な環境汚染よりも、寧《むし》ろ内面的な、言わば精神的環境汚染の方に、より以上の恐怖と憂慮を覚えるものである。何故ならば、それは人間を内部から崩壊させて行くものであるからである。外面的な環境汚染は勿論、恐るべきものである。そして、人間の健康を損ね、社会の平和を乱し、ひいては人類の滅亡にまで及ぶ恐れのあるものであるけれども、人間であることを変えはしない。しかし、内部崩壊を起こした人間は、彼がいくら健康で、強力な肉体を持っていても人間ではないのである。

都市の過密化、及び無制限な技術の複雑さへの成長という社会的な病理が、現在の精神病、離婚、家族の分裂という現象を上昇せしめ、殺人、強盗、婦女暴行、青少年の非行、公衆道徳の低下などは性的欲求不満の爆発に相応している。そして、大人の世界に於ける暴力、汚職、社会的堕落によって、若者達は大人への反撥心を助長し、社会の基本的規範や目標から遠ざかって、個人的並びに社会的な不安や混乱を一層増大させている。しかし、これらは単なる社会的病理やストレス症候群によるものではなくして、人間に生きる意義と目的を見失わしめた所にあると思う。そこから人と人との連帯感が急速に失われ、不信と疎外が始まり、そして断絶が来るという現象が生ずることになった。倫理体系を失って、生きる意義や目的を明らかに示すことが出来なくなった社会は、当然混乱し、社会の混乱には当然個人の混乱が結びつくことになる。生きる意義と目的を見出すことの出来ない世界では、人間は努力する情熱を失って、やがて人々は神経症にかかり、遂には酷い不活発状態に陥るようになる。

今日、社会には既にこのような個人的ニヒリズム〔真理や道徳的価値の客観的根拠を認めない立場・虚無主義〕が著しく見られる。それは、恐らく若い世代の社会基準への抗議と、それからの離反の背景をなすものであろう。そして、これが断絶の時代と呼ばれているものである。しかも、この断絶が更に昂じた時には何が来るであろうか。それは「憎悪の時代」であり、憎悪の次に来るものは人間崩壊であろう。無感動状態に始まる人間の崩壊である。そして、既にそれが始まっているのを、現在の若者達の上に、まざまざと見ることが出来る。

ところで、日本がこのような混乱を招いた原因はどこにあるのであろうか。その根源はやはり第二次世界大戦に於ける敗戦にあったと思う。日本に好意を寄せ、しかも日本の将来に大いなる期待を待望しているある外人の一人は、この間の消息について次のように述べている。「きっと日本の大人たちは、国を敗戦に導いたという自責の念を持っていて、それが次代の人々に対するコンプレックスになっている。それが心理的な萎縮を招いて、子供に対しても、言うべきことを十分言わないで来てしまった。その為、日本民族の持っているすばらしい過去の経験を、次代を継ぐべき人々に十分には伝えていないのだろう。だから今の若い人は、民族の生い立ちを掴んでいない。日本が果たして来た輝かしい成果を、身に滲みて知ってはいないのだ。だからビジョンも持てないでいる。その上、日本の親達は、敗戦で自信を喪失した為、社会的な義務や、責任を子供達に植えつけることを怠った。善悪のけじめというものを、厳しく躾ようともしなかった。その結果、今になってルーズな若者が簇出《そうしゅつ》〔むらがり出ること〕しているとしたならば、その責任は、大人達も当然負わなければならないだろう。少なくとも、若い人だけの責任ではないし、大学の先生だけの責任でもない。戦前、日本にいた時に、私が常に目にしたような厳しい躾というものが、戦後はまるで影をひそめてしまっている。それは敗戦で迷っている所へ、突然、アメリカから与えられた民主主義というものに戸惑《とまど》って了ったのかも知れない。兎に角甘やかしが目についた。だから私が恐れるのは、それはよその国の断層と違って、断絶症状ではなかろうかというのである。断絶とは断崖絶壁を意味している。断崖絶壁はよじ登ろうとしてもよじ登ることが中々出来ない。従って歩み寄りの方法が殆んど無いに等しいのだ。丁度それと同じように、日本の場合は世代を超えて理解し合える余地が少ない。それは甘やかしてばかりいて、話し合いが欠けていたからであろう。だから日本の学生のやっていることは、よその国のヤングパワーと同じように見えながら、先に行くに従って開きが大きくなるのではないか。私にはそういう心配がある。これは日本の人達にもよく考えて戴きたい」と忠告して呉れているのである。この親日家の外人は更に言葉を継いで次のように述べている。

「混乱の源のもう一つはアメリカの占領政策にあった。これは言うまでもないことだが、占領の直前までは日本はアメリカの敵であったわけだ。だからアメリカが日本の弱体化、日本の無力化を計ろうとしたのは極めて当然なことだろう。いわゆる平和憲法をはじめ、教育三法、労働三法等々は、日本を弱体化する為にマッカーサーのまいた種だった。にもかかわらず、日本の指導者が、たとえ占領下であったとは言え、あまりにも無抵抗にそれに従ってしまったのは、今思うと誠に残念なことだ。例えば、占領の初めの頃、占領軍当局の指針で、学校で修身を教えてはいけない、歴史を教えてはいけないというような時期もあった。道徳の教えも受けないし、自分の国の歴史も知らない人間が、祖国を愛することを知らず、民族の誇りを持ち得ないだろうということは、当然予測されたはずだ。にも拘らず、日本の指導者はそれらに迎合、便乗したばかりか、独立の後もそれを改めようとしていない。

占領中は日本の考えを通そうとしても、出来ない相談だったかも知れない。しかし、独立を勝ち得た以上は、日本は日本の考え方で、政治を行うのが当然だろう。ダグラス・マッカーサー〔一八八〇～一九六四〕の作った憲法が、かりに日本の国情にぴったり合っていたとしても、独立後は日本人自らの手で作り直すことが本当なのだ。ところがそれが行われていない。現行のそれらの法律は、マッカーサーのまいた種をそのままはびこらせているのである。しかもそれはもともとが、押しつけられたものであり、与えられたものなのだ、我々の常識からすれば、相手の欲する所はすなわち我の欲せざる所である。従って、それらの基本的法律が、日本の国情に合わない面のあることは、むしろ当然のことなのだ。それを日本の指導者が知らない筈はないのだが、一向に改めようとしていないのは一体どういうことなのだろう」ときめつけている。誠に尤《もっと》もな忠言であり、戦後、心ある日本の国民が均しく心の奥底深く、秘かに懐いていた切なる悲願であることも事実であろう。

戦後の民主主義の風潮は、従来の日本の超国家主義的形式主義の抑圧から解放し、個人の自由と安全を保障したかに見えたが、国民が依って立つ所の国家的、民族的連帯意識の基盤を不安定なものにして了った。それは丁度、鉄筋の高層ビルの中に住んで、地震に怯えている人々と同じ状態なのである。今日の個人的並びに社会的不安と混乱の根底には、無批判的に取り入れた外来思想によって、国民感情が歪められ、虐《しいた》げられて、伝統的な民族的共同無意識体に抵触〔互いに矛盾して、さしさわること〕して、深刻な内面的葛藤を生じていることを見逃すことは出来ない。ここに民族の一員としての生き甲斐を失い、人間を孤独に追いやる結果を齎《もたら》すことになる。断絶の根は極めて深いものがある。「幻なき民は滅ぶ」とは古いユダヤの諺《ことわざ》であるが、国家民族の理想を持たぬ国民は、国家的、民族的生命力が枯渇して、遂には滅亡しなければならないことを示唆した言葉であろう。今日、日本に取って最も大切なことは、日本民族の源泉を探り、日本民族の生命力の依って来る源泉を尋《たず》ね、伝統的日本の叡智に目覚め、魂のふるさとへの回帰を念願する、切なる郷愁に応えねばならぬことである。この民族の中に生まれ、この国土の中に育まれた人間は、最早他の如何なる国の人間とも異なる伝統的な、民族的無意識の中に呼吸しているのであり、この民族的生活原理を「日本人とユダヤ人」の著者イザヤ・ベンダサンは日本教と呼んでいるが、如何なる主義、思想の人々も、日本人はすべて日本教の信者であると彼が述べている如く、我々は気がついて見たら、悠遠な古より伝えられて来た民族の叡智の中に呼吸し、培われて来ていたのである。そして、その基盤の上に人間としての成長を促されているのであって、この伝統的民族の叡智こそ、我々が幼時から両親によって培われたる良心の尺度を、更に深く背後から支える基盤をなすものである。それは正に我々人間の生命を支える、基本的要素である酸素の如きものであり、普通我々は自意識に依って両親から培われた良心の尺度が、大人の善悪の価値判断の基盤をなすのであって、この良心に背いた行為をする時、罪悪意識を持ち、それは自己懲罰や、自己裁きの意識となり、更に自己破壊的衝動となって、自他共に破壊し、生命の破滅への道を辿《たど》るのであるが、両親に培われた良心よりも更に奥深い民族的共同無意識、即ち伝統的民族の生活原理、民族の叡智に背いた行為をした時、我々は無意識の中に大いなる罪悪意識を形成し、それは両親に培われた良心への反逆の時よりも、遙かに重大且つ深刻な罪悪意識となり、民族の叡智（神）への反逆は当然、幼時より培われた良心への反逆以上の、自己懲罰、自己裁きを身自らに要請することによって、救い難い不安と恐怖を胸底深く無意識の中に欝積《うっせき》して、我々に生きる意義と目的を見失わしめて、破壊的本能、即ち死の本能を駆り立てて、自滅の道を急がしめることになるのである。今日の経済的に非常に恵まれた若い人々が心中欝々《うつうつ》として、生き甲斐を失い、反社会的行動を通して、あたら若い生命を台無しにして行くのは、大いなる生命の原理への反逆者たる自分を無意識に容認した、生命への反逆の罪を、自らのかけがえのない命を犠牲にすることによって償わんと要請する、無意識の自己裁きであることを理解しなければならない。

我々人間は、大抵の場合、人に騙《だま》される前に自分自身に騙されるものである。生命の原理は、人間が自らの誤まれる信念に依って、自らを不幸にしない限り、幸福になれるように出来ている。然し、世の中の絶対多数の人々は、幸福を求め乍《なが》ら、自らの誤った信念に依って、物あるが故に悩み、物あるが故に争うというように、却って不幸に陥り、或いは栄養が悪ければ健康を害することを恐れ、食物を摂らないで病気になっている人よりも、食べ過ぎて病気になっている人の方が多いのも、現在の日本の実状である。人間はいかめしく文化とか学問とか言挙げしなくとも、自然の大法のままに明るく素直に、そして純粋に愛と真実を以て生きるならば、自然に心豊かに、そして心魂の量に相応しい物質的環境が与えられるものである。万物に調和し、幽玄と現実を融合して、豊かに逞しく生きる「自然を通しての実在崇拝」の生活こそ、我が日本の伝統的生活原理である。そして、日常生活の中に凡百《ぼんびゃく》〔もろもろの〕の神秘を具現しつつ、最も高い生活原理を、最も平凡に、淡々無私、日に新たに、そして日に新たに、真に心の底から、喜びと感謝の生活が、真の日本の叡智に根ざした生活の実際の姿なのである。そして、この生活原理は、自己破壊的衝動を救い、激動する転換期にある世界人類の福祉に取っても、極めて貴重な生活規範となるであろう。

昭和四九年三月十日

鹿島神宮拝殿とご神木

第四章　希望の精神革命

今日は、「希望の精神革命」という演題でお話をする訳でございますが、今年は丁度終戦二十五周年を迎え、去る八月十五日には、全国各地で終戦記念行事や、戦没者の追悼式などが行われて、平和への願いを新たにしたことは皆様既にご承知の通りでございます。

戦後二十五年、我が国の経済発展は、誠に目覚ましいものがあり、国民総生産は遂に六十兆円を超えて、米・ソに次いで世界第三の経済大国と云われるようになりました。そして悲惨な戦争の体験を知らない日本人が、現在、全国民の五十一％を占めるようになったと云われますが、戦争を知らない人々は、高層ビルが建ち並び、公害問題に悩まされている今日の大東京の、驚異的繁栄の中から、あの終戦当時の廃墟と化した死の街、東京の姿を想像することが出来るでありましょうか。二十五年の歳月は戦争の悲劇を遠い過去の記憶の中に追いやろうとしております。

然し、飜《ひるがえ》って、日本人の内面的、精神的な戦後は果して終っているでありましょうか。今日大きく社会問題になっている大学紛争問題、青少年の不良化問題、及び交通戦争問題など、その一つ一つを取り上げて見ましても、それらの現象の背後には、日本人の心の奥底深く侵入した、戦争の爪跡が残っているのが、まざまざと見られるのであります。大学紛争問題の中心をなした学生達、不良化が目立つ青少年、更に交通事故を起こす頻度の最も高い、十代から二十代の年齢層は、すべて戦後の虚脱と混乱の中で産声を挙げ、そして育てられて来た、欲求不満を心に鬱積《うっせき》した人達である事を考えますならば、只今申し上げました事が決して根拠の無い事柄ではないことがお解りになると思うのであります。

一　科学技術の進歩と二十世紀の不安
人間性の回復を求める現代社会

戦後の輝かしい経済的発展の蔭には、科学技術の進歩向上が大きな役割を演じていることは申す迄もありません。人間の造り出す機械の種類が増え、それが精巧になるに従って、それを使用する人間は、其の機械の構造を理解する煩わしさを避けて、ただそれが便利だから使うというだけで、満足するようになって来ました。機械を使っているつもりの人間自身が、いつの間にか機械の助けを借りなければ生きて行けないようになって来ました。機械が人間の色々な働きを代ってやって呉れるのは、誠に結構な事でありますが、人間の頭の働きまでだんだん機械にさせるようになりますと、果してそれで良いのかという新しい疑問を、持たざるを得ない問題が出て参ります。このような色々な傾向が積み重なって人間性を破壊し、人間の機械化、人間の機械への奴隷化等々、人間性の喪失を引き起こす原因の重要な要素をなしている事は、認めなければなりません。そして此のような分裂が、人間の幸福を破るものである事も、否定出来ない事実であります。

絢爛たる科学技術の進歩に目を奪われて、科学は絶対に人間を幸福にするものであると信じている人々が多いのでありますが、科学は果して人間を幸福にするものであるかどうか、最近しばしば問題にされるようになりました。自然科学が勃興し始めた十九世紀ならばいざ知らず、二十世紀後半の今日に於いては、科学は必ず人間を幸福にするであろうという事は、決して云い切れません。最近の公害問題を一つ考えて見ましても、科学の発達が、無条件に人間を幸福にするものであるとは云えない事を、雄弁に物語っております。そもそも科学の進歩が人間を幸福にするであろう、という保証はありません。

科学とは、人間が未知の世界に対して、開拓して行く努力の現れであり、新しい可能性を追求する姿であります。未知の世界の中に於ける新しい発見が、必ず人間を幸福にするという保証は何もありません。それは幸福と繁栄への道に繋がるかも知れないし、又、人類の破滅と、人間性の喪失への道に繋がるかも知れません。

人間の幸福とは一体何であるか、という問に対して的確な回答を与えるのは、大変困難であります。人間の幸福という事は精神的また物質的に、非常に色々な要素が複合した結果のものでありますが、人間は自分の内部に、自分の知らないものを持っておりま す。人間の喜怒哀楽は、人間の心の奥深い所から生ずるものでありますから、それは人間の意識や反省の域を超えた、どうする事も出来ない所から発する事が多いのでありま す。我々は自分が気が付くか、気が付かぬかに拘らず、人間は人間以前のものを多く持っております。人間の喜怒哀楽はそういうものと深く結び付いており、人間の幸福ということを問題にする場合、そういうものを離れて科学で簡単に割り切る事は、極めて困難であります。

科学が合理的な知性の所産である限り、自ずからそれ自身の限界がある筈であります。知識の外に本能と意志と感情の、非合理的な無限の世界が連なっている事を忘れてはならないと思います。然し、そうであるからと云って我々人間は、自分の持っている理性、合理的な思考能力を、軽んじても良いという事を云っているのではありません。ただ人間の世界に於いては原理的に正しく、又、誰が見ても望ましいと思われるような事が容易に実現されず、また反対に異論のあるような事が案外、容易に実現されて行くのも、人間が意識された自己、合理的な思考や、反省の対象となる自己だけによって動かされているのでは無い事を、明白に物語るものであります。

人間の意識は決して平面的なものでは無く、多くの層を持っております。これを難しい言葉で云いますならば、人間の意識は次元的に無限の系列を持つ、という事になります。人間の意識はその最も原始的な衝動、本能から独断へ、更に常識、理性へと進化向上し、理性に至って初めて学問が生まれ、自然科学の発生となり、合理的な物の考え方が生まれた訳であり、近代のあらゆる文化的な生活の基盤は、この理性に基づく、合理性に根ざしておる事は周知の通りであります。イタリアを中心として、十五・六世紀に亘って、勃興したルネッサンスに於いて、ヒューマニズムの思想が昂揚《こうよう》され、人間性の尊重という事が叫ばれるようになったことは、ご承知の通りでありますが、我々が人間性と云う時、人間の中の理性など、上等な方の意識を人間性と呼び、本能とか衝動と呼ばれる下等な意識を動物性と呼んでおります。

然し、人間の意識は先程も申しましたように、多くの層を持っておりますから、人間の意識は理性に止まらず、理性を超えた叡智の世界があります。これは理性よりもより高く、奥深い意識の世界であると云う意味で、霊性とも呼ばれております。古来の聖者や賢者は非常な努力をして、この叡智を求めた訳であります。我々の理性が理性自身を深めて、深く自己に沈潜し、人間性のより広い領域を発見し、そして開顕することによって、今後の世界に於ける人間性の喪失とか、分裂とかいう危険を救う方向を見出さなければならないと思うのであります。

自然科学の発達が何を齎《もたら》したかということを考えて見ますと、先ず第一に私達の生活が便利になったということであり、云い換えれば生活水準が向上したという事でありま す。次に科学の発達に依り、人間の持っていた迷信が、だんだん少なくなって来たという事。第三に科学が進んで行くに従って、未来に向かっての期待が、大きくなって行く傾向が見られます。然し、二十世紀の半ばを過ぎた今日に於きましては、科学の発達をそう一方的に、楽観するという訳にはいかなくなったのであります。

よく云われますように、「二十世紀の不安」が大きく頭を擡《もた》げて来たのであります。科学の進歩に伴い、その底辺に潜む非常に大きな危険性、あるいは不安を、深刻に感ぜられるようになりました。

科学の進歩、特に二十世紀に於ける原子物理学の進歩に伴いまして、原子力を人間が利用出来るようになりました。そしてその利用の如何によって、即ち善用か悪用かによって、その結果は重大な問題を齎すことになります。原子科学の進歩の結果、原子と人間とが、直接対決することになり、原子対人間という問題が非常に重大な問題として浮かび上がって参りました。そこには非常に大きな希望と、非常に大きな不安が同居しております。

それから科学の進歩により、電子計算機が最近非常に発達してまいりました。人工頭脳と云われますように、人間の頭脳労働の代理を機械がして呉れるようになりました。これは大変結構なことに相違ありません。然し、この結構なことの裏に、非常に重大な問題を含んでおります。それは、人間特有の高級な能力、即ち、物を考えたり、計算をしたり、事務を処理したりするという能力が、他の動物には無い高級な能力であります。ところが、それを機械がやれるようになったのであります。人間でなければ出来ないと思っていた事が、機械でも出来るようになり、機械はどんどん進歩して、機械の方が人間より偉くなって了うのではないか、という新しい不安が出て来る訳であります。機械が真似られないような人間の能力とは、一体何でありましょうか。そうなりますと、一体科学の発達は我々人間に取って何を意味しているか、という問題も、そう簡単には割り切れない難しい問題を含んでいるのであります。

二　宇宙の歴史と原子力の応用

相対性理論と四次元世界

人類は古くから宇宙の歴史について、大きな関心を持ってまいりました。今日の科学的知見に依りますと、若しも宇宙に始まりがあるとするならば、それは今から約百億年位前であろうと云われております。即ち、宇宙は少なくとも百億年の長い歴史を持っております。それから我々人類がこの地球上に現れたのは、約百万年位前であろうといわれています。従って、宇宙の歴史からすれば、人類の歴史は一万分の一という事になります。更にこの人類が文明と云われたものを作り出してから、五千年乃至一万年位しか経っていないのでありますから、百万年の百分の一になります。それから、科学が進歩して、原子力利用の可能性が発見されてから、今日迄の現代文明の時代は、まだ百年にもなっていません。即ち、一万年の百分の一という短い時間であり、宇宙全体の歴史からすれば、一億分の一にも満たない一瞬間に過ぎません。

こうして考えて見ますと、今後益々電子計算機の性能がよくなっていって、本当に人工頭脳と云われるに相応しい、電子計算機が現われて来ることも予想されます。こういう事態になりますと、従来の自然科学に於きましては、外の世界の探求が主体をなしておりましたが、結局は人間自身、人間の内なる世界についても、新しく考え直さなければならなくなって来たのであります。自然科学と技術の飛躍的進歩により、我々人間自身を根本的に見直し、考え直す必要が新たに生じて来た訳であります。つまり、人間革命が要請されるに至ったのであります。

従来の我々の考えていた宇宙というものは、三次元の空間があって、その中に物質があり、そして時間は一定不変の速度をもって、過去、現在、未来へと流れているといったものでありました。これはアイザック・ニュートンが、彼の著書「プリンキピア」に書いた古典物理学的な宇宙観ですが、我々が五官で感じる日常生活を送っているこの世界は、正にこういった古典物理学的な宇宙観がピッタリするものなので、唯物論的人生観が、知らず知らずの中に、多くの人に出来上がって了っているのであります。

物理学の大天才、アルベルト・アインシュタインが二十世紀の初めに齎した相対性原理は、物理学上だけではなく、哲学上にも大きな影響を齎しました。彼はニュートン以来信じられて来た、時間と空間とを、独立した絶対であるという考えを打ち破ったのですが、その代り、時間と空間とを密接に結合した所の空間の三次元に、時間の一次元を加えて作った、時空四次元というものを持って来て、従来の三次元の空間と時間とは絶対的存在ではなく、変化するけれども、この時間と空間とを結合させた、時空四次元は変わらないものである、ということを云い出したのであります。この事をもう少し詳しく説明して見ますと、先ずニュートンの古典物理学の考え方では、空間について、「絶対的な空間は、それ自身の性質として、外界の如何なるものとも無関係に、常に同一不動のものである」と、述べており、また時間については「絶対的な真の数学的時間は、ひとりでにそれ自身の性質により、外界の如何なるものとも無関係に、一様に経過して行く」と述べております。つまり、時間も空間も、他に無関係に変化はないと云うことで、普通我々の常識もそのように思っております。ところが、アインシュタインの相対性原理では、時間も空間も、観測者の運動状態によって変化する、という事なのでありま す。

例えば、運動する物体は運動速度に応じて、その長さが縮んで行きます。これは一八八七年、アルバート・マイケルソン（一八五二〜一九三一）とエドワード・モーリー（一八三八〜一九二三）が発見したのでありますが、ロケットの速さが光の速度の半分であれば、ロケットの長さは半分となり、光の速度に等しくなれば、ロケットの長さはゼロになって了います。つまり消えて了うということになります。姿が消えて了うという事は、ロケットがこの宇宙から消滅して了うということではなくて、別の空間に行ってしまうという事で、別の空間に於いてはロケットはちゃんと存在しているのであります。逆にロケットから地球を観察すれば、地球がだんだん扁平になって、遂には消えてなくなって了うように見える訳であります。このように、確かに存在する空間でありながら、我々に感ずる事の出来ない別の空間と云うものが、存在し得るということが解るのであります。空間というものは、絶対的の存在ではなく、我々の運動状況に応じて、我々の周囲に、それぞれ別個の空間を作り出すことが出来るものなのであります。

空間だけではなく、時間も変化します。非常に速いロケットに乗って、宇宙旅行をしますと、そのロケットの中では、時間の進み方が遅れるから、年をとらないのであります。このようにロケット上の時間の進み方が遅れる現象を、浦島太郎の物語から取って、浦島効果と云います。この浦島効果があるために、若し光の速度に近い宇宙船が出来たとしたら、何十光年も向こうの星から地球にやって来るのに、何十年も掛らずにサッと来ることが出来る訳であります。もし光の速度と同じ速度のロケットが出来たとすれば、ロケット上の時間は全く経過しないのですから、百光年も向こうの星から地球にやって来ても、まったく年を取らずに地球に到達します。

そこで、相対性原理の齎す世界観について説明して見ますと、先ず相対性原理は、前に述べましたように時間と空間の絶対性を否定し、空間も時間も相対的に変化するものだということを教えました。しかし変化する時間と空間の奥に、一つの原型というものを持って来ているのであります。この原型を四次元コンチニウム（四次元時空連続体）と云います。ごく分かり易く言えば、映画のフィルムのようなものであります。映画のスクリーン上の影は、スクリーンと映写機の角度を変えると歪んで了いますし、遠くに放すと大きくなり、近づけると、小さくなります。また、スクリーン上の時間経過も、映写機を早く廻せば、早く動きますし、ゆっくり廻せば、遅く動きます。このようにスクリーン上の時間も空間も絶対的なものではなく、相対的なものであると言う事が出来ます。物理学的世界も、時間、空間は絶対的ではなく、相対的な存在にしか過ぎませんが、そのもとである四次元コンチニウムというフィルム的なものがあるというのが、アインシュタインの考え方であります。これが条件によって変化しない現象世界の原型で、四次元時空連続体と云い、フィルムに相当するものであります。このフィルムをある角度から切ることによって、我々が感じている現象世界が現われ、或いは、我々よりも百倍も遅い時間の進み方を持った世界が、出現したりする訳であります。人間が五官で感じている現象世界は、実際には無くて、四次元時空連続体の影に過ぎないと云うのであります。

三　現代物理学の壁と超心理学の擡頭

科学と宗教の調和へ

さて、このように相対性原理は、三次元の空間に時間を一つの次元として加えた、四次元コンチニウムという一種のフィルムを持って来たのでありますが、この相対性原理では、宇宙間に生起するすべての現象を証明する事は出来ないことが分ってまいりました。アインシュタインの物理学は、三次元の空間をもとにした物理学に過ぎませんでした。しかし、四次元の空間と云うものは、所詮無いものでしょうか。三次元空間の物理学で満足なのでしょうか。否、答はその反対であります。我々は現在の物理学に決して満足してはいないのであります。現在の原子物理学では余りにも説明の出来ないことが多過ぎて、原子物理学者達は、今一つの行き詰まり状態にいて、もっと新しい、画期的な発見を皆待ち望んでいるのであります。

例えば、真空についての考え方でありますが、古典物理学ではエーテル理論というのがあって、宇宙にエーテルが遍満している。物の中にも入って来ていて、このエーテルに依って、光とか電磁気に関する現象を説明し得るものとされておりました。ところが、電磁気現象をエーテルによって本当に説明することは中々難しいので、多くの学者達がお手上げになっていた所へ、アインシュタインの相対性理論が現れて、あっさりとエーテルの追放をやって了いました。それ以来エーテルというものは、物理学者の頭の中から消え失せて了って、真空自身の中に電磁場みたいなものを生み出す性質があるという解釈になったのであります。

ところが、原子物理学において素粒子論というのがありますが、これは物質を構成する最小の単位が原子であることは、既に周知の通りでありますが、この原子は更に陽子や、中性子、電子など、その他の素粒子から構成されているということが、だんだん明らかになって参りました。最初の内は、素粒子は数種類に過ぎないのではないかと考えられておりましたが、次々と色々な素粒子が発見されて、現在では素粒子の数は三十数種類も知られております。この数は将来更に増えて行く可能性を充分に持っております。その場合、素粒子のもう一つもとになるものを想定して、原物質と呼んでいる学者もおります。

　このように、素粒子論がだんだん進んで参りますと、色々な素粒子が真空の中に存在することになり、真空に次々と新しい性質を付け加えて参りました。陰電子と陽電子の一対を造り出したり、核子と反核子の一対も作り出す、場合によっては中間子も作り出す、非常に豊富なものを潜めたものになったのであります。云い換えれば、昔エーテルに色々なことを背負わそうとして、旨くいかないので、エーテルを消し去ったけれども、その代りに「真空」というものに、もっとずっと大きな重荷を背負わせなければならなくなっておるのであります。

　こうして見ると、アインシュタインが、どんなに偉い人でも、アインシュタインが惜し気もなく、切り捨てたものを、もう一度拾い上げて見る必要がないであろうかという疑問が、生じて来る訳であります。そのような訳で今は寧《むし》ろ、逆にエーテルは宇宙に遍満していると考えても良いのではないかという意見が出て来ており、云わば進化したエーテル理論を考えている学者も少なくありません。

　それから、現代の物理学理論では解明出来ないものに超心理学の世界があります。今から約四十年程前からアメリカのデューク大学の超心理学研究所に於いて、ジョゼフ・ライン教授を中心として、従来の心理学が取り扱わなかった心理学の、新しい領域に焦点を当てて、人間には誰でもテレパシー（遠感現象）の能力、念力及び予知能力がある事を科学的に証明致しました。然もこの学問の成果は、欧米において従来のどのような学問の成果よりも、高く評価されておるのであります。そこで、予知能力がある、未来のことが分る、という事は、科学的に見て、決して無視することの出来ない重大な事実なのであります。

人間に予知能力がある、即ち未来のことが分るということは、我々の世界観、人生観、物質観に非常に大きな影響を与えるのであります。それどころか、我々は今までの世界観、人生観、物質観を根本的に変えなければならないのであります。従来の科学からは、人間に予知能力があるなどということは、決して結論される事ではないからであります。

然も、超心理学で取り扱う領域に於いて起こる現象、即ち従来の言葉を使用すれば、所謂心霊現象と呼ばれるものは、その構成要素は、人格的なもの、及び従来の物理学的な法則、即ち、合理的な方法では説明が出来ないという二つの要素の結合によって成り立つことが証明されております。本来、心理学の目指す所のものは人間性の究明という事でありますが、この人間性を構成する人格の中枢に、非物質的な要素が存在することが、解明されて参りました。これは従来の考え方である、人間の人格を構成する要素は、物質以外のものは何も存在しないという唯物論的思想と相容れないものであります。

四　深層心理学と仏教思想の再発見
ヨーガと輪廻の思想

それからジークムント・フロイトは、精神分析を創始しましたが、これによって深層心理学、即ち人間の潜在意識の世界の存在がだんだんと解明されて参りました。フロイトは「幻想の未来」という本を著して、宗教の必要性を否定したのでありますが、しかし、フロイト的な考え方が、単に人間心理の分析という段階に留まって、我々の生きている世界全体、物質世界をも含めた世界全体と深く繋がっているという面が軽視されている限り、それはまだ不徹底な一面的な見方であると云わざるを得ません。

世界最大の心理学者と云われるスイスのカール・ユング博士は、仏教、特にヨーガの研究をして人間の潜在意識の研究を目指す深層心理学に不滅の功績を残したのでありますが、彼は嘗《かつ》て、「人間の救いは東洋にある」と断定して、世界の学会を騒がせたことがあります。人間の深層意識は単なる合理性では到達出来ない、霊的領域の存在を示し、相反する精神病理学と宗教に一つの調和点を与えて、深層心理学による宗教的実存の解明をしたのであります。仏教思想では、昔から我々の五官の外に末那識《まなしき》、阿頼耶識《あらやしき》、無垢式《むくしき》と呼ばれる深層意識の存在を指摘しております。

アインシュタインは「宗教なき科学は不具者であり、科学無き宗教は盲目である」と云っておりますが、そもそも宗教とは、人間の霊力に基づく、宇宙に於ける人間の位置の哲学であると定義するならば、従来の自然科学と宗教が互いに敵視し合うという態度は、時代錯誤的な在り方であり、自然科学の飛躍的な進歩を、将来更に期待するならば、人間の深層心理における霊的宗教性の本源を究明し、開顕することなしに、これを実現させることは不可能でありましょう。又同時に従来の宗教を自己脱皮して、宗教改革が行われなければなりません。今日社会の各方面から熱心に要請されている創造性の開発も、また真の人間性の回復も、この人間性の中枢に実存する宗教的霊性に目覚めることなしには、決して期待することは出来ません。

これを実現する為には、どうしても人間自身の革命が行われなければなりません。それは希望に輝く精神革命であります。

ところで、このヨーガとは、そもそも何《ど》ういうものであるかと云いますと、「ヨーガ」という言葉の文字通りの意味は「軛《くびき》をつけること」で、つまり魂が持っている様々の衝動（苦しみ、欲望）に統制を加えることであります。ヨーガの目的は、人間をこの現世に繋ぎ止めている諸々の力を支配することにあります。

仏教は本来、学問的には無神論的宗教でありますが、或る種のヨーガの教典は、所謂有神論的仏教の系統に属するものであります。この仏教の教説の中心は、アーディ仏陀（第一仏陀）乃至はマハー仏陀（大仏陀）即ち原仏陀で、この原仏陀から五人のドウフヤーニ仏陀、又はドウフヤーニ菩薩が生まれて来るものとされております。この五人の中の一人がアミターブハ（阿弥陀仏＝無量光の意）で、無限の光を持った夕日の意味の仏陀であり、至福の国、即ち極楽の主であります。歴史上の実在の仏陀たる釈尊が現在世界の教師であるとすれば、この阿弥陀仏は、現在世界の保護者であります。

ヨーガの行者は深い冥想を通して、仏陀の精神を認識することが出来るとされております。仏陀の精神と呼ばれているものは偉大なる慈悲であり、仏陀は広大無辺の慈悲に依って万物を包含すると云われます。

この種の冥想を仕遂げた者は、死後、仏陀の立会いのもとに、再び別の生に生れ変り、この第二の生誕に続いて起こるであろう、あらゆる出来事に対処すべき諦念《ていねん》〔道理をさとる心〕の精神を獲得するであろうと信ぜられ、それ故叡智を持っている人々は、その思いをこの阿弥陀如来についての慎重な冥想を、凝らさなければならないことになっております。

インドの思想の中で、特筆すべきことは、「輪廻《りんね》」の思想であります。即ち人間の霊魂の生れ変りが行なわれるという考え方でありまして、キリスト教の中にはこのような思想は存在しておりません。但し、キリスト自身は、輪廻の事実を知っていた筈であります。それはともあれ、人間は肉体の消滅後にも、霊魂、即ち純粋な人格的精神の存続することを信じ、更にこれが、永く生れ変り、死に変りながら進化向上の道を辿るという思想であります。これは、唯物論的な思想からすれば、全く荒唐無稽な、原始時代の思想的遺物として、所謂近代の知性人からは、永らく顧《かえり》みられなかったのでありますが、最近の欧米に於ける深層心理学や、超心理学の究明により、決して単なる迷信として放置しておけない事実が色々と明らかにされて来たのであります。例えばアメリカのジョセフ・マーフィー〔一八九八〜一九八一〕などの如く、催眠術による「年令退行現象」によって、前世の記憶を蘇らせたり、一九四五年に死亡した、アメリカの奇蹟の男と呼ばれた、エドガー・ケーシーに於ける、フィジカル・リーディング、及びライフ・リーディングと呼ばれる、彼の無意識下に於ける言葉の指示によって、現実的病気、その他の困難な問題の解決をしたり、また現実生活と、前世との関係における物的証拠の一致ということが、彼の口から述べられた二十年間に亘る永い年月のデータを、アメリカ一流の専門の心理学者ジナ・サーミナラ女史が、キリスト教的思想の中に生活しながら、多年に亘り、丹念に調査した結果、「輪廻」の事実の存在を確認しております。また、西洋に於いても、この方面の研究を続けている学者が少なくありません。

このような現象につきましては、私共も少なからぬ体験的事実を持っておりますし、また古今東西の文献的事実を色々と承知しているものであります。このような霊魂の存在及び輪廻の思想は、従来の自然科学的な視野からすれば、合理的な説明の出来ない問題として、迷信的な思想として敬遠されて来た問題でありますが、深層心理学や超心理学の抬頭《たいとう》により、科学的に、その存在の可能性の究明への接近の道が開かれて来た訳であります。一度は科学の前に死に果てた古い真理が、最近の高度の科学の光に照らされて再び蘇って来たのであります。

五　高次元的世界観と精神革命の要請

三十年遅れた日本の心霊思想

ところで、従来の唯物論的世界観では、超心理学的な現象を全く説明することは出来ません。我々は新しい現象が存在するということを知った以上、その現象も説明出来る、新しい方程式や世界観を創り上げげなければならないのであります。そして出来たのが、高次元の世界があるという考え方であります。高次元の世界があり、三次元の、我々が見ている世界は、寧ろ映画のスクリーン上の影であるというのが、この考え方でありま す。つまり我々の肉体や環境は、我々自身ではなく、我々が過去に描いたシナリオ通りに動いている、我々の芸術的作品であるということになります。それでは本当の我々は何処にいるのかと申しますと、それは四次元の世界にいるのであります。四次元の本当の我々が、三次元スクリーンを観賞しているのが真実の姿であります。我々が今迄送って来た人生は、本当の我々ではなく、我々が描いたシナリオに従って、三次元スクリーンに映っていた映像に過ぎません。これが四次元的世界観であります。この四次元的世界観を持ちますと、自分がもっと高い次元にいて、今の肉体の眼を以て、三次元スクリーンを観賞しているのが分るので、物事に執着しなくなり、明るい心理的に自由な生活を送ることが出来ます。これが昔から言われる「悟り」というものの一断面と言えましょう。人間性を形成する人格の中枢に、物質を超えた非物質的、所謂霊的な要素が存在することが超心理学に於いて科学的に証明され、更にこの霊的実体が、人間の肉体の消滅を超えて、輪廻転生《りんねてんしょう》することが、自然科学的に究明されつつあることは、誠に画期的な意義を持つものであり、従来の人間観、世界観、宇宙観は、革命的転換を余儀なくされるものであります。

そして、深く自己に沈潜して理性の極を内面から破ることによって、叡智の世界を地上に開顕し、従来、古今に亘り、特殊な天才達の特殊な体験を、普遍人類的な体験となし、人間彼れ自身の革命、即ち人間革命を遂行することに依って、希望に輝く精神革命が成就されるのであります。新しい世界文化は叡智から出発しなければなりません。新しい学問も、宗教も、芸術も叡智からスタートしなければなりません。道元禅師の言われる非仏向上を更に非仏向上して、無限次元に連なる不可究尽《ふかぐうじん》〔究め尽くせない〕の心意識の階段を謙虚に登り続けなければならない人間であります。

ところで、我々人間には予知能力があって、未来を予知することが出来るということが、超心理学の研究によって証明されたことは、先程も申し上げましたが、それではその未来は何のようにして造られるかと言うことは、哲学上、また科学上の一大重大問題であります。ここで重く見なければならないことは、夢や幻で見る未来の情景が、極めて細かい所まで、何年も、或いは何十年も前に明確に見ることがあるということであります。私自身に於きましても、実際に現象が起こる数年前に他人の死や病気、または災害などを予知または予見したりしたことが何回かありますが、このように何年も何十年も前にこんな細かい所まで見るということは、その情景が、既に何処かで出来上がっているからに他ならないのであります。

つまり、この現象世界は、映画のようなもので、映画がスクリーンに映されつつあり、スクリーンに今映っている情景が現在なのであります。然し、将来スクリーンに映されるべき情景は既に決まっていて、フィルムに焼き付けられている訳であります。従って何等かの方法で、このフィルムを見ることが出来れば、未来を予知することが出来る訳であります。スクリーン上の影は二次元であり、この影のなかに我々自身も映っております。然し、観客席にも自分がいてスクリーンを見ております。観客席の我々は三次元、スクリーン上の我々は二次元であります。どちらが本当の我々かと言えば、勿論、観客席の三次元の我々の方が本物であります。映画を見ている中に、映画上の主役と、見ている自分が一体になって、主役が危険な場面に遇うと観客席で見ている自分がハラハラします。それと同じで、つまり現実で言えば、三次元の肉体の中には、本当の我々があるのではなく、もっと高次元の中に本当の我々がいるということであります。高次元の我々は、観客席の中の人で、スクリーン上の影ではありませんから、勇気を奮って映写室に行き、まだ映していないフィルムを見せて貰えば、未来を知ることが出来るのであります。

然し、この映画の作成は、誰がするかと云えば、それは我々の潜在意識であり、そしてこれを演ずるのは我々の顕在意識であります。人生は映画であり、自作自演している訳であります。そして、次に上演される映画を、我々の心の傾向が、類は友を呼ぶという親和の法則によって、知らず知らずの中に選んでいるのであります。このようにして我々の未来が形成されて行くものと考えられます。

我々人間は、肉体の死後、果して人格的生存があるか、どうかと云うこと、即ち霊魂が存在するかどうかという事は、古来の重大な命題でありますが、先程も申しましたように、人間性を形成する人格の中枢に、非物質的、霊的要素が存在することが証明され、更に所謂霊魂の輪廻の思想が、新しい科学の光の下に、脚光を浴びてきたのであります。人間の死後に霊魂が赴くと信ぜられている幽界、或いはそれよりも更に高級な霊界というものがあるかどうか。

多くの心霊実験を観察した結論から云えば、人間は肉体が死んでも、魂だけは肉体から抜け出て幽界に行き、そこで修行をして、一定の期間の後に、再び人間世界に生まれ変わるということを何回か繰り返すと見て間違いがありません。では、幽界や霊界は何処にあるかと云えば、三次元の物質世界を超えた四次元、五次元の世界にあって、高級な世界程、次元が高くなると考えられます。

そして極めて優れた発見や発明、それから芸術などもそうですが、これらは自分が発明したのではなく、幽界や霊界からの放送を受信したという場合が少なくないのであります。その証拠として、同一の発明が地球上の彼方此方《あちらこちら》で、同時になされていることが非常に多いのであります。これは他界からの放送を地球上の異なる地点で同時に受信したからだと考えられます。それ故に、芸術家や科学者は、よきテレパシーの受信者になる必要がある訳であります。然し、他人から教えられたという形ではなしに、自分で、自主的に考えついたと思われるような形を取るのが望ましいのであります。入神の演技と云われるような素晴らしいピアニストの演奏とか、天才的な奇術師の演技などを霊視の出来る人が見ると、その人を守護するピアニストの霊とか奇術師の霊などが背後にあって、助けて呉れている様子を見ることが出来ると云われております。このようなことが分ると、我々の祖先の霊や、自分を助けて呉れる霊に対して感謝しなければなりません。

三次元の現象世界に於ける我々人間の生活は、三次元的な眼では見えなくとも、霊界の霊達と、我々との共同作業であると云ってもよいのであります。そして本当の自分——自分の本体と云うものは、肉体の頭の中にあるのではなくて、三次元より高い次元の世界にあって、其処から操り人形を動かすように、自分の肉体を操作しているのでありま す。人間の記憶というものは、決して脳髄細胞の中に植えつけられているのではありま せん。脳髄細胞というのは一種の受信器であります。四次元世界にいる我々の魂が、脳 髄細胞という検波器を介して、三次元の肉体を支配しているのだと考えることが出来ま す。そうなると霊界はあるかどころではなく、霊界と云うか、四次元世界にこそ、我々 の主体があり、四次元こそ、我々の世界であります。それは目に見えなくとも実在する 世界であります。

それは丁度、細菌や酵素の世界とよく似ております。細菌は肉眼には見えなくとも、 無数の細菌がちゃんと存在し、病気や災害の原因をなし、人間の生命や生活を脅かすよ うな事が多く、また、酵素などのように、生命の存続に取ってなくてはならぬ重要な存 在でもあります。肉眼に見えないからと云って、細菌や酵素の存在を否定するならば、 多くの細菌に原因する病気を治療することも、予防する方策も見出せず、病気に悩み苦 しんで、あたら人生を不幸な毎日で、過ごさなければなりません。

現在の世の中には、霊の存在を否定する人々が極めて多く存在しますけれども、それはあたかも、目に見えないからと云って細菌や酵素の存在を否定すると同じく、高級霊よりの恩恵を忘れて感謝の心を失い、或いは霊的な障碍によって、不幸な人生を送らなければならないことを無視して、自分の運命を恨み、肉親や、社会に不幸の責任を転嫁して、真の原因に目を向けようとしないのであります。スピリッチュアリズムは霊の世界があるということを信ずる思想と解釈してよく、心霊主義または、心霊思想と呼んでいるものであります。現代の科学が、未だ心霊現象のすべてを完全に把握し得る手段を持っていないので、心霊科学の研究自体も不完全なものでありますから、今後の努力に期待しなければなりません。要するに何の為に心霊研究を行なうかと言いますと、我々の日常生活にそれを活かして、より正しく、より豊かに生きる為でありますが、科学の著しく発達した今日では、一般の人は中々科学的に説明のつき難いものは信じようとしません。ところが、科学自体がまだまだ不完全であるということよりも、科学の素晴らしい発達だけが頭にあるものでありますから、科学で割り切れないものは皆古い時代の錯誤と考えられて了います。寧ろ近代の科学者の多くが、それ等を打ち消すことによって、真の科学者たることを自負している訳であります。

心霊科学の基礎は「人間とは何か」という動機から出発しております。スピリッチュアリズムでは、人間の本質は肉体と精神及び幽体の三つから構成されていると定義しております。

いったい心霊現象の科学的研究は何の為に行うかと申しますと、それは霊界の実在と霊魂の存在を客観的に証明する為でありますが、それを証明することによって何の利益があるかと言いますと、それに依って人々が心霊現象の存在を認め、心霊主義を肯定し、延いてはそれを日常の生活に実際的に取り入れて、人生の幸福に寄与するためであります。

心霊思想は、心霊現象を、哲学又は宗教の立場から、論理的、又は倫理的に考えようというものであります。日本はおそらく世界で一番心霊現象の多い国であると共に、世界で最も心霊知識の低い国でもあります。本来ならばこの東洋の日出ずる国、日本に於いて世界の心霊思想は昂揚されなければなりません。残念ながら、その科学的研究が遅れている日本では、すべてのものを科学的に証明するのが常識となっている今日、心霊思想が普及し難い要因をなしております。

現在では、欧米に於いては、霊魂の実在は常識化されつつありますので、日本は凡そ欧米に比べて、その知識も科学的研究も、約三十年遅れていると言われております。然し、実際上の日常生活に於いて心霊主義が生きているという問題になると決して遅れは取っておりません。

日本人は昔から「祖先の霊を祀る」ことに非常に忠実でありました。又無縁仏を祀るとか、天災地変で亡くなった多くの霊を鄭重に弔うという信念が非常に強かったのでありまして、それは科学万能時代の今日でも続いております。我が国の心霊主義は、日常生活に同化されております。つまり日本では、心霊現象と心霊思想との間に相当なずれがある訳であります。このずれている現代の日本人は、宗教か科学かの何れかに持って行こうとしているので、そこに一つの矛盾が生じることになります。これは現代思想の歪みを現しているものと言えましょう。反対に正しい心霊思想の普及によって、その歪みを矯正することが出来ると言えるのであります。

そこで、ここに一言お断りしておかなければならないことは、心霊主義と、宗教との関係であります。世の中には、霊魂の存在を認める事を以て、宗教であると考えている人々が多くいるのでありますが、これは大変な誤解であります。

宗教とは宇宙に於ける人間の位置の哲学でありますから、この顕幽に亘る可見、不可見の広大無辺の大宇宙の実相を探ると共に、その中に生きる人間の歩むべき普遍の道を教示するものであり、生命の本質を究明実践することがその目的であります。従って、あの世の存在を認める事を以て宗教とするのは、一種の外道でありまして、地上の人間は、あの世の霊魂の指示に従わなければならない理由は、絶対にありません。素人が安直に心霊研究の虜になりますと、良からぬ因縁を作り上げて、「生兵法は大怪我のもと」の譬《たと》えの如く、何でもあの世からの指示がなければ、主体的な行動が出来なくなり、取り返しのつかぬような、人生の不幸な結果を招くことが多いのでありまして、一般の人達は余り深入りをせず、唯、霊の世界の存在を認めるよすが〔たよりになること〕としての、知識を持っておれば宜しいのであります。

六　霊性の開発と潜在意識の浄化

心霊現象の究明とエネルギー量子理論

それでは、我々に何が必要であるかと云いますと、それは霊性の開発という事であります。先程も申し上げましたが、霊性とは理性よりも更に高く、奥深い心の水準であり、古来叡智と呼ばれて来たものでありますが、叡智という言葉はあっても、叡智的事実は、特殊な天才達の特殊な体験に終っておりました。昔の人はこの叡智を得る為に難行苦行をしたり、達摩大師のように面壁九年、つまり壁に向って九年間も坐ったりして、多くの修行を積んだのであります。

我々が自分ということを意識する時、それは現在意識が働いている訳でありますが、人間は現在意識の十倍以上も大きな隠れた心を持っているのであります。これを潜在意識と云い、人間の行動の大部分はこの隠れた心が支配しております。潜在意識は、その人の技術の宝庫であり、過去の記憶の蓄積されたものであり、インスピレーションの泉でもある訳であります。また人の性格、人格、傾向の蓄えられている所でもあります。潜在意識は現在意識と宇宙意識とを繋ぐパイプのようなものであり、このパイプを何時も清浄にして置かないと、人間は幸福にはなれません。人の心の奥底の部分は、三次元の世界ではなく、三次元の科学では測定出来ない高次元の世界にあるのであります。霊性を開発することによって、三次元の物質の測定器では分らなくとも、霊妙な心の働きによって四次元、五次元の世界が体験的に認識され、真の自分を知る事が出来るようになります。真の自分が五尺の肉体ではなく、高次元的存在であることを知り、今ここが四次元であり、五次元である。我々と四次元とが一体であり、自分は既に高次元的存在である、これを全身全霊から知ることが所謂悟りであります。即ち般若《はんにゃ》〔最高の智慧〕であり、叡智であります。叡智に至りますと、人は所謂大自在の境地に達し、この境地に達しますと、勿論テレパシー能力も備わり、未来の事も分かり、発明も出来るというように、創造力や超能力が備わって参ります。お釈迦様や道元禅師などは、科学の発達していない時代に、難行苦行をして、この境地を開拓したのでありますが、しかし、我々は、幸いに科学の時代に生活しておるのでありますから、科学的に合理的に四次元世界を想定して、そこに真の自分がいるのだということを知ることに依って「知性」に依る悟りを得ることが出来るのであります。そうは云っても、人間は肉体を持っておりますから、肉体的な修練も勿論必要でありますが、この修練も、科学的、合理的に行なえば昔の人達が艱難辛苦をして、長い年月を費したものが、比較的短い期間で、能率的に効果を挙げることが出来るのであります。

霊的修練の第一歩は何と云っても精神統一であります。霊的修練を積んで参りますと、人間の性慾を支配することが出来るようになります。古来の宗教家は一般に禁慾者だと考えられ易いのでありますが、単なる禁慾だけでは、霊的修練にはなりません。霊的修練に於いては、性的エネルギーを高度な精神エネルギーに昇華することが出来ます。自律神経はあらゆる身体の機能を左右しますが、この中枢である太陽神経叢を、意志の力でコントロールすることに依って、我々の霊的能力は無限に伸ばす可能性を持っております。また霊的修練は食慾をも自由に支配します。また食物の摂り方によって霊的能力を伸ばすことも出来るのであります。セックスのエネルギーと、霊的エネルギーとは正反対の方向でありますけれども、それを逆に利用することに依って、我々の霊的能力を増進することが出来るのであります。現在の社会における、青少年の不良化の問題は、セックスエネルギーを霊的エネルギーに転換する方法を知らない所に、その大きな原因の一つがある訳であります。

心霊現象は、今後理論的には、エネルギー量子理論を導入することによって、その実体が究明されて行くものと思われます。なぜならば、人類史あって以来の命題である「神」の存在は、一つのエネルギー性輻射光線であると仮定され、霊魂の実体は、それ自体が一定の個性を持った光学的な輻射エネルギーであると考えられるからであります。神界、霊界の実在を証明する上において、物質界も含めてその共通な根底は、つまる所エネルギーの作用であります。現界は一大波動体系であると云われますが、それは、そのもとである非物質界そのものがエネルギーの世界であり、そこから物質界が創り出されて来たからであります。

宇宙の天体はエネルギー粒子の集中した処であり、集中して固定したのが物質であります。集中はしても固定しないのが現象で、物質の質量というのは、集中はしても固定しないエネルギーと、固定したエネルギーの差なのであります。固定しないエネルギーの状態とは、電波、熱線、光線や放射線などであります。その源は宇宙空間に満ち満ちたエネルギー粒子の偏差であります。この疎と密のエネルギーの集中差によって陰陽から一つの運動が始まります。この基礎的な二元は、他の一切の派生的な二元論の基盤であります。

ストロンバーグ氏（米）は「電子は物質界に属しているが、その電場は非物質界に属するものと思われている。一つの電子は物質的ではあるが、しかしその重力場は非物質的である」と述べております。けだし、あらゆる「もの」にはその構造的二元性があります。東洋では、これを陰陽とか、天地とか呼んでおりますが、ストロンバーグ氏はこの二元性を、物質的構造性と非物質的構造性とよんでおります。

古典的自然科学である東洋哲学は、ものの価値を徹底的に「はたらき」として評価しております。それは目に見える世界の以前の、根元であるミクロの世界の法則を以て、ものごとを認識しております。我々が空であり、気として現われている量子性の粒子構造は、ミクロ（極微）の無限極を示し、反対に分子構造は、ただマクロ（巨大）の重力極を示すものであります。そして実は、真の正常な物質代謝反応は、このミクロの無限極において推進されているのであります。

フランスのルイ・ド・ブロイ〔一八九二〜一九八七〕は「量子無くしては物質は存在し得ない」と説明しております。この物理学的現象上の法則は、生物学的現象の領域においてもあてはまり、一般に自然の物質代謝過程の本質は、その究極において、光化学的性格のものと考えてよいのであります。故に人体における生理学的反応にしても、物質代謝過程というものは、それを光化学的反応過程として理解して行くことによってのみ、その本質を正しく把握し得るものであります。生物学的現象も又、量子化されて行われており、すべての生化学的反応にしても、それはただ生体に於ける一定した量子性反応としてのみ、実現されて行くものであります。そして、ただ光化学的反応の諸系列からなる定常な量子性反応だけが、真に安定した反応であります。

先程、宇宙万物はエネルギーから成ると申しましたが、すべての現象、物質の究極的根本はエネルギー粒子の一点に集約されます。しかし、エネルギー自体もまた創り出されたものであります。何故なら、宇宙に確乎とした秩序的法則と自然因果律がある以上、それは偶発的に漫然と出来上がったものではなく、何物かに依って創り出されたことは間違いないからであります。古来、人類はこの創造主を神とよんでおります。

宇宙は破滅しつつあると同時に、また創造されつつあります。大宇宙は断片的なものではなく、一環の連続体であります。人生も又、永劫より永遠に亘って存続するものであります。空間は常に膨張しつつありますから、一定の体積はありません。太陽は厖大な光線を放射して、毎年百五十億万トンの物質を失いつつあります。一兆五万億年後には、完全に無に帰する訳であります。

この大宇宙は結局どうなって行くかと申しますと、物理学上、微塵《みじん》も疑う余地のない、熱力学第二法則により、エネルギーそれ自身も消散して了って、単一不変の究極平衡状態を持続して行くことになるでありましょう。その前に全生物の死滅時代が参ります。然し、宇宙は死滅しつつあると同時に、また創造されつつあることも閑却《かんきゃく》〔なおざり〕してはなりません。

七　宇宙の目的と生命の尊厳

愛の神聖さと創造的人間の復活

それでは、この大宇宙の目的は何でありましょうか。宇宙の現象は変化しますが、理法は永劫不変であります。理性を溯《さかのぼ》れば、合理の究極である創造の原理、即ち神に到らざるを得ません。現象は消え去りつつあり、本体は進化しつつあります。生命発生が結局宇宙の目的であり、理性、徳性の向上した生命の進化こそは、生命自体の目的であると言えます。無限空間は、無限の物質宇宙を含むと共に、無限の生命世界を持っていることは、明らかであって、我々は物質の宇宙に住むと同時に、生命の宇宙に遊泳している事実をも考え合わせるべきであります。既に理性あり、徳性あり、自由性ある以上、そこには道徳的責任を生じ、霊魂の独自的個性の永遠存在の哲学的、宗教的意義も発生して参りまして、宇宙の目的、人生の目的の意義も明らかになって来るのであります。

ところで、この三次元世界には、物質の上に君臨する者がいます。それは人間であります。人間は物質より、動物より、遥かに優れた存在であります。そして、人間の持つ最高の感情は「愛」であります。人を愛する時、人に愛される時、我々は最も崇高な気持になるのであります。「神は愛なり」と云われておりますが、愛をこよなく尊び、愛し、愛される事をひたすらに願う人間の内奥には、神性を宿している事は明瞭でありま す。神は法則であると同時に愛であり、更にもっと人格的なものであるに相違ありません。神に無いものが人間にある筈がないからであります。従って、神は最高の人格的な存在であるに違いないのであります。

それ故に「神に祈る」ならば、神は、子が親に何かをねだる時と同じように、慈父のように、神の子である人間の願いを聞いて呉れるに相違ないのであります。ところで、愛と法則とは、どちらが優先するかと云いますと、それは当然愛なのであります。それ故、愛深い神は物理法則に反するような奇蹟を、人間の人格を媒介として行なって、愛は法則に優先する事を見せて呉れるのであります。そして今も尚、物理学では考えられないような奇蹟が、時折起きている所以なのであります。例えば、フランスのルルドの奇蹟などもその一例であり、アレキシス・カレル博士〔一八七三〜一九四四〕の懸命の努力にも拘らず、今日迄、その奇蹟の実体は科学的に解明されておりません。また物理学上の世界でも、従来の物理学の常識では考えられないような事が、稀に起きます。ある人はこれを奇蹟だと云うでしょうし、又或る人は、そんな事は絶対にあり得ないというかも知れません。然し、高次元の世界から見れば、それは奇蹟でも何でもなく、その現象が何時起こるかを知っており、事実起こさせる事が出来る偉力を持っておるのであります。神は人格的な存在であり、そして我々の隠れた心の奥底の先端が、神に繋がっているのであります。

昔ある学者は、「神は必要だ、無かったら発明すべきだ」と云った事がありますが、我々の潜在意識の奥底に、三次元、四次元を超えた、もっと高次元の世界に神は実在されており、それは無限の法則であり、叡智であると共に人格的な存在であり、無限の愛と創造の世界であります。これを我々は神とよぶならば、超心理学は新しい神を発見しつつあるのであります。

アインシュタインは、どうして相対性理論を考えついたか、と問われた時に、「公理を疑って見た」と答えたと云われますが、輝かしい希望に満ちた精神革命を成就する為には、従来、金輪際正しいと考えられて来た物の考え方を、根本的に疑ってみる事が必要であり、新しい宇宙観、世界観、人間観の確立が何よりも極めて重要なのであります。人類史あってこの方、万人が求めて止まない人生の幸福は、物質の上に燦然《さんぜん》と君臨する、溌溂《はつらつ》たる創造的人間の回復でなければなりません。霊性を開顕し、天地に卓越した天才的人間によってのみ、新しい世界文化は開拓され、人類待望の輝かしい、第二ルネッサンスが実現されて行くのであります。長い間ご静聴有難うございました。

精神文化講演会東京講演（抄録）
昭和四五年九月十日　於　東京赤坂日本都市センター大講堂

あとがき

現在の世界情勢は、一万四千発の核弾頭を持ちながら超大国同士がその覇権を巡って争いを続けている。政治体制も行き詰まり、資本主義も共産主義もその体制維持に躍起となって、人々を指導する力を失い、その限界が見えてきています。また経済においても、本来の目的である経世済民を忘れ、富に対する欲求は其の留まるところを知らず、人々を苦難の淵に追いやっています。また科学技術の長足の進歩は、産業の発達と共に快適で安心の世界を創るかと思われたが、科学的興味だけでの生命科学の発達や医薬品の開発は、却って人々の健康を害しているし、さらに地球環境の破壊に拍車をかけ災害の甚大化を齎し、人々の世界的往来の活発化は今般のような感染症の蔓延の危険度を増大させている等々、挙げればきりがないほど人類を滅亡の危機に曝していることは明らかであります。そして、その危機は突然にやって来ることを忘れてはならないのです。二千年このかた人類は本質的な進歩をしていないように思われます。

先生は、「自然科学は元来自然界における諸々の法則を解明して、人間の幸福に貢献したいと云う純粋な動機からスタートしました。しかし最近の自然科学の飛躍的発展は、機械の上に君臨すべき、個々の主体的人間を、却って機械の奴隷的存在に追いやり、人間の自己破壊的衝動を増大させ、現代は価値判断の基準が、全く失われてしまい、人間の心の核を破壊し人間性の喪失を招く結果に立ち至ってしまいました。それには色々な原因がありましょうが、その究極の原因は生命の尊厳を忘れ、精神界における自然法則を閑却し、人間性の究明を怠ったからにほかなりません」（一部を編集）と指摘されておられます。

人類に明るい未来と繁栄を齎すものは、一刻も早く「人間とは何か」ということ、「人間の生きる意義と目的」の究明を、全力を挙げて行い、二十一世紀の科学文明に相応しい新しい倫理の体系を作り上げることではないでしょうか。

私達に求められるものは、真の人間性の回復であり、理性の能力を超える霊性（叡智）の開発が絶対の要請であることを服膺《ふくよう》〔常に胸に刻んで忘れないこと〕して、そのための道標が日本の精神文化の中核を形成する神道、惟神の道に在ることを感得して、日本人に徹して、叡智への階段を一歩一歩確実に昇ることが喫緊の課題であると信ずるものであります。

著者略歴

鴨志田《かもしだ》 恒世《つねよ》

大正 11 年 8 月 6 日　茨城県日立市に誕生される。
昭和 22 年　東京医科歯科大学卒業
昭和 23 年　東京大学医学部選科卒業
昭和 24 年　日立市に歯科診療所を開設
昭和 26 年　法政大学文学部哲学科卒業
昭和 31 年　東京大学医科学研究所入所
昭和 35 年　東京大学より医学博士号を受領
昭和 43 年　社会教育団体わたつみ友の会会長に就任
昭和 48 年　東京新宿に太陽歯科医院を開設
昭和 62 年 9 月 4 日　逝去される。

先生は、日本最古の古典である古事記の神々の世界は、実在の世界である事を明らかにされ、理性以上の能力である叡智（霊性）が古代から我が国に連綿として伝えられており、それを伝統的日本の霊性と呼ばれて、日本の生え抜きの純粋な心である神道の真髄であると説かれた。

そして、神いますことの証として、天与の叡智以上の卓越した精神的能力と、人間に対する限りない慈愛を以て、不治の病を癒し、極めて深刻な人生の苦悩を解決に導き、多くの奇蹟的事実を示された。

また、「わたつみ友の会」を通じて、日本人が悠久の時を経て培って来た神道の思想を生活原理として、十か条の生活綱領を提示され、日常の実生活に密着しながら、心の進化向上、真実の愛を身に付ける為の実践を強く促され、貴賎賢愚に関わらず人間に予約賦与され、人間を真の実存に導く叡智（霊性）への階段を昇ることを生涯に亘って訴え続けられた。

著書として、「“愛”の創造」「深層心理の世界」「幽玄の世界」があり、遺作として「日常生活に及ぼす深層心理」「生活綱領解説」「天音」「歌集わたつみ」「鴨志田恒世全著作集」等がある。

自らの道を選べ　真の人間性の回復を目指して

2021年2月28日　第1刷発行

著　者　鴨志田 恒世
発行人　大杉　剛
発行所　株式会社 風詠社
〒553-0001　大阪市福島区海老江5-2-2
大拓ビル5 - 7階
TEL 06（6136）8657　https://fueisha.com/
発売元　株式会社 星雲社
（共同出版社・流通責任出版社）
〒112-0005　東京都文京区水道1-3-30
TEL 03（3868）3275
企画・制作　NPO法人わたつみ友の会
〒317-0071　茨城県日立市鹿島町1-1-15
TEL 0294（21）1408
http://www.watatsumitomonokai.org/
印刷・製本　シナノ印刷株式会社

ISBN978-4-434-28700-8 C0014

鴨志田　恒世　著作集

著者はその全生涯を通じての自然科学、哲学、宗教の分野における血の滲むような研鑽、厳しい肉体的修練と、天与の卓越した精神的能力によって齎された、人類史始まって以来の命題、「人間とは何か」、「人間の生きる意義と目的」を究明し、全く新しい画期的人間観を確立した。

そして其の考え方、思想、生活の在り方を普及啓発する為、昭和四十三年に組織された社会教育団体「わたつみ友の会」の会長として、「人間存在の価値」、なかんずく「日本人としての真の生き方」、日本の伝統文化の価値観に基づく「人間の本当の幸せとは何か」を、論文、講演により一貫して活発な社会啓発活動を展開した。

更に著者がこよなく日本を愛し、人間に対する比類の無い深い愛情と、大いなる慈悲心を以て、不治の病を癒し、人生の極めて深刻な苦悩を抱えた人々を幸せに導き、多くの奇蹟的事実を示されると共に、あらゆる機会を通じて、其の思想と生活のあり方の普及に努められ、昼夜を分かたぬ社会啓発活動と、地上楽園の実現のために其の全生涯を捧げ尽された記録でもあります。

時代の潮流に流されず、日本国の安寧と世界の平和を願い、人生を真剣に真実に生きようとされておられる諸兄姉に、是非ご一読いただきたい著作集であります。

〝愛〟の創造　希望の精神革命をめざして

奇蹟的事実は私達に何を語りかけるのか！

人間の本質は〝愛〟であると宣言し、現代社会の人々を捉えて離さない絶望的不安を解消して、救いの道を示唆する真の人間性の回復の書

Ｂ６判　一二〇〇円（税込）

〝愛〟の創造　希望の精神革命をめざして（同名の新書版）

日本図書館協会選定図書（社会科学分野）！

本書は失われた人間性の恢復を目指し、新しい人間像をうきぼりにすることによって、生命至上主義の思想を高らかに掲げようとするものである。

新書判　一二〇〇円（税込）

深層心理の世界　人間性の回復をめざして

私達の運命をも左右する心の深層とは！

私達が意識している心とは、心の広大な領域のほんの一角であり、ほとんどが意識されない領域である。そして、我々の人生の歩みを決定付けているものである。その心の神秘を解き明かす。

Ｂ６判　一二〇〇円（税込）

幽玄の世界　神道の真髄を探る

伝統的日本の霊性とはいかなるものか！

新しい世紀に入っても依然、環境破壊が進み、世界中で争いが絶えない中、伝統的日本の霊性に隠された叡智が人間存在の根拠と、そこに付託された使命を明らかにして、来るべき未来を切り開く、未来を予見する書。

B6判初版　一二〇〇円（税込）　B6判復刻版　一四〇〇円（税込）

歌集　わたつみ

幽玄の世界を詠う和歌四十四編を掲載！

日本中の由緒ある神宮、神社をご参拝の折々に、「白鳥彦」の雅号を以て詠まれた和歌を機関紙「わたつみ」に掲載したものをまとめたものであり、私達が窺い知る事のできない幽玄の世界の実相をこともなげに詠われている。

B5判　上製本　二六〇〇円（税込）

天音

「天音」五十九編を掲載！

「天音」とは、機関紙「わたつみ」の各号巻頭に「天音」として百二十八文字に込められた天の声をまとめたものであり、深遠な真理の言葉である。常に携帯して人生の指標とすべきものである。

変形携帯版　八〇〇円（税込）

生活綱領解説

人間として日本人としての行動の規範、目標である「生活綱領十箇条」を解説した人生の道標の書！

機関紙「わたつみ」に掲載したものを一冊の書にまとめたものであり、身近な日常生活の中での実践を通して、私達を人間なかんずく真の日本人に導くための実践の書。

B６判ハードカバー　二〇〇〇円（税込）

日常生活に及ぼす深層心理

深層意識が我々の人生の歩みを決定付けている！

深層心理が日常生活に具体的にどのような影響を及ぼしているのかを具体例を以て示し、人生の苦悩を解決し、幸福へ導く処方箋を教示する書。この著作は機関紙「わたつみ」に継続掲載した論文「日常生活に及ぼす深層心理の影響」をまとめたものである。

B６判ハードカバー　二〇〇〇円（税込）

幽玄の世界 - 追補版　神道の真髄を探る！

古代日本人は大自然の大法のままに、天神地祇と共に生きた自然人であった。天与の卓越した精神的能力と慧眼を以て、古事記冒頭に記された神々は実在されると明言され、日本人と日本文化の最基層に流れる神道の真髄を明らかにされて、人々を生命の故郷、その本源にいざなう書。

B６判　一五四〇円（税込）

叡知への道標　真の人間性の回復を目指して

人間の内奥に予約賦与された理性の能力を超える叡智の開発！

二十一世紀的視野において、人類に課せられた解決困難な諸課題を解決に導くには、理性の能力を超える叡智の開発の絶対の要請があるとして、伝統的日本の心、惟神の道にその秘鍵があると明言され、真の人間性の回復を目指して、その道標を示す書。

Ｂ６判　一五四〇円（税込）

以下の著書は、伝統的日本の心に万人が求めて止まない真の幸福と自由を獲得する道があるとして、私達の心を捉えて放さない不安と自己破壊的衝動を再生命化して、明るく充実した人生を送るための画期的啓発の書である。

鴨志田恒世全著作集（第一集～第八集＋補集＋補巻）

わたつみ友の会創立四十周年記念事業として、機関紙「わたつみ」に掲載された六十数回に亘る精神文化講演会での本会会長鴨志田恒世先生の講演録及び「日本のこころ」、折々の論文、「生活綱領解説」「天音」をも合わせて網羅しまとめたものである。

新書判　各九八〇円（税込）

幸福への探求　日常生活に及ぼす深層心理の影響

鴨志田恒世 全著作集「補巻」として発刊！

本書は、平成八年に発刊された同名の新書版である。この著作は、日常の生活をする中でのより具体的事例を取り上げ、深層の意識が実生活に如何に影響を及ぼしているかを明らかにして、その歪みの原因を究明して、更にその歪みを是正する方法を私達に教示している。

新書判　九八〇円（税込）